河南省教育厅2018年人文社会科学研究一般项目:
我国刑法犯罪定量模式及其走向研究(编号:2018-ZZJH-664)研究成果之一
河南省教育厅人文社会科学研究项目资助

立法定量视域下的情节犯研究

刘长伟 / 著

图书在版编目（CIP）数据

立法定量视域下的情节犯研究／刘长伟著．—北京：经济管理出版社，2019.5
ISBN 978-7-5096-6587-9

Ⅰ．①立… Ⅱ．①刘… Ⅲ．①刑法—立法—研究—中国 Ⅳ．①D924.02

中国版本图书馆 CIP 数据核字（2019）第 089097 号

组稿编辑：高　娅
责任编辑：杜奕彤　高　娅
责任印制：黄章平
责任校对：张晓燕

出版发行：经济管理出版社
　　　　　（北京市海淀区北蜂窝 8 号中雅大厦 A 座 11 层　100038）
网　　址：www.E-mp.com.cn
电　　话：(010) 51915602
印　　刷：北京玺诚印务有限公司
经　　销：新华书店
开　　本：720mm×1000mm /16
印　　张：10
字　　数：148 千字
版　　次：2019 年 5 月第 1 版　2019 年 5 月第 1 次印刷
书　　号：ISBN 978-7-5096-6587-9
定　　价：58.00 元

·版权所有　翻印必究·
凡购本社图书，如有印装错误，由本社读者服务部负责调换。
联系地址：北京阜外月坛北小街 2 号
电话：(010) 68022974　　邮编：100836

前　言

情节犯作为因《中华人民共和国刑法》（以下简称《刑法》）对犯罪的定量因素采取"立法定性又定量"模式而产生的一种犯罪形态，从立法设置到司法认定都具有浓郁的中国色彩。在理论上对之进行系统的研究具有重要的理论意义和实践价值。本书在充分考察国内外两种犯罪定量模式的基础上，通过批判性地借鉴现有的研究成果，对情节犯的立法设置、理论构造和司法认定中的基本问题进行了深入的分析和论证，使理论上对情节犯的研究达到更深的层次。全书除了引言之外，共分为四章内容。

引言部分主要阐述了本书的选题背景、研究价值、国内外的研究现状以及本书的研究方法。首先，情节犯作为我国刑事立法的产物，与刑法价值、犯罪概念、刑法的基本原则、犯罪构成、犯罪形态等刑法的基本范畴均有着密切而又特殊的关联。在理论上和实践中都存在着一系列的问题，需要进一步厘清和探析。其次，我国理论界对于情节犯的研究相对分散，而且不够深入。域外刑法理论因为其立法模式不同于我国，其在理论上对定量因素的研究思路和研究成果并不能直接为我国所用。最后，在分析评价研究现状的基础上，指出本书的研究价值和基本的研究方法。

第一章为情节犯的理论定位与概念。第一节是对中外刑法两种不同的犯罪定量模式的介绍和评价。在阐明两种不同的定量模式及其异同的基础上，分析了导致这种差异的原因，并对我国犯罪定量模式的理论缺陷进行了详细的分析，指明"立法定性、司法定量"模式是我国立法模式改革的目标。第二节是对情节犯与我国《刑法》犯罪定量模式的关系的论述。根据我国《刑法》对于犯罪定量因素的立法方式，可以将现行《刑法》分则中的罪名划分为三类。情节犯属于第二类犯罪，说明情节犯是我国立法模式特有的产物，这也决定了情节犯在犯罪定量立法模式下的理论定位。第三节是对情节犯概念的界定。在对犯罪情节进行界定和分类的基础上，分析了我国理论界在三个层次上对于情节犯的理解，并指明本书对情节犯采取的是狭义说的立场。最后，阐明了情节犯的基本特征。

第二章为情节犯的立法设置及完善。第一节主要评价了情节犯的立法演变和立法特点，分别对1979年《刑法典》和1997年修订《刑法》后的情节犯的分布、设置方式、特点进行了归纳和说明。第二节分析了情节犯在立法上所具有的价值，同时也详细阐明了情节犯在立法上所存在的缺陷，如立法上的不明确、不均衡、设置缺乏科学论证以及自然人主体和单位主体处罚不公正等。第三节是对情节犯乃至整个现行刑事立法模式的改革所提出的完善建议。至此，本书的研究已经超越了立法技术层面，是站在整个立法模式转变的立场上，从总则中犯罪概念的调整到现有立法模式下三类犯罪如何转变均提出了自己的看法。

第三章是情节犯与犯罪构成理论辨析。第一节论述的是不同犯罪定量立法模式下的犯罪构成理论。首先，介绍了大陆法系的犯罪构成理论及其与立法模式的关系，并对大陆法系国家在司法定量时对轻微行为出罪的理论依据进行了评说。其次，是对在我国刑法理论上占据通说地位的犯罪构成理论的合理性及其所存在缺陷的论述，并指出情节犯之情节在我国犯罪构成理论中如何定位以及是否要求在主观上有认识，是理论争议的焦点和难点。第二节是对"情节严重"的理论定位与主观认知的分析和论证。主要对关于此问题的主要学说进行了介绍和评价，这些学说包括非构成要件说、整体性评价要素说、罪体—罪责—罪量说、消极的构成要件说、客观的处罚条件说和区别对待说。通过比较分析，本书认为区别对待说具有重要的借鉴价值，但也有值得商榷的地方。本书采取区别对待说对情节犯之情节的区分方式，将情节犯之情节以是否属于犯罪构成的评价范围为标准划分为两种情况，并分别分析了不同情况下的主观认知问题。

第四章为情节犯的认定。本章内容是对情节犯认定的一般理论和认定时两个基本而又重要的问题所做的论述。第一节论述的是"情节严重"或"情节恶劣"的存在范围和认定的标准,为情节犯的认定提供一般性的理论支持。第二节是对情节犯未完成形态的分析。首先,指明了情节犯的犯罪形态;其次,介绍和分析了理论上关于情节犯是否存在未遂形态的争论,并表明了本书的立场;最后,对情节犯未遂形态的条件和处罚做了论述。第三节是对情节犯与司法解释的关系所做的论述。首先,指出在我国司法体制下司法解释存在的合理性与必要性;其次,分析了有关情节犯的司法解释所存在的问题;最后,对如何完善司法解释提出了建议。

本书的创新点为:第一,在研究的思路上,本书始终将情节犯定位于我国《刑法》立法定量的模式下进行研究。理论界对于情节犯的研究大多采取"头疼医头、脚疼医脚"式的研究思路,即仅就情节犯而研究情节犯,也有部分学者从开放的构成要件等其他角度对情节犯进行论述。本书有别于这种传统的研究思路,从我国《刑法》对犯罪定量因素的立法模式出发,始终把情节犯视为立法定量的产物,对情节犯从基本概念的界定、立法特点、设置方式以及立法完善,到情节犯在犯罪构成理论中的体系定位,再到情节犯的未完成形态等问题进行了详细的分析和论证。本书对情节犯在立法方面所提出的完善建议,更是立足于我国《刑法》的整体立法模式的转变,所提建议也超越了情节犯本身,涉及《刑法》分则中的所有类型的罪名。正是由于研究思路在宏观上的不同,笔者相信本书对情节犯所得出的结论也有别于传统的观点。

第二,对于情节犯与罪刑法定原则明确性要求的关系提出了新的见解。从我国《刑法》对犯罪定量因素所采取的立法模式出发,本书把分则条文对各具体犯罪罪状的规定,在理论上划分为定性部分和定量部分。那么,情节犯与罪刑法定原则明确性要求的问题在这里也就转化为两个具体的问题,即定性部分与明确性的关系问题和定量部分是否违反明确性的问题。本书认为,情节犯定性部分的规定是否明确问题,在情节犯与明确性要求的关系当中更具有决定意义。所以,对于情节犯是否违反了明确性要求也就不能一概而论,应该根据《刑法》的具体规定进行区分。如果《刑法》对情节犯定性部分的规定比较模糊,如《刑法》对非法经营罪的规定,实行行为本身比较抽象,并且采用了兜底性条款,那么该罪的设置就违反了罪刑法定原则明确性的要求,需要在立法上作出调整。相反,如果刑法对情节犯定性部分的规定清楚明确,那么,即使对于犯罪定量部分采用"情节严重"或"情节恶劣"这样的模糊性表述,在中国特定的立法环境下也不应当认为违反了罪刑法定原则明确性的要求。当然,那些对犯罪定性部分的规定的明确程度介于这两者之间的情节犯,应当被认为违反了刑法明确性的要求,只是没有第一种情形严重而已,在我国目前的司法环境下需要通过司法解释的方式来弥补其明确性的不足。

第三,对于情节犯之情节在理论上的定位,本书以"情节"是否超出犯罪构成的评价范围为标准分两种情况进行论述。对于超出犯罪构成评价范围之情节的理论定位和主观认知问题,本书虽然借鉴了我国学者区别对待说的基本立场,但是,对于一些具体问题的分析在理论上有所突破。例如,本书认为并不是所有的基于刑事政策考量的定罪情节,行为人在主观上都不需要对之有认识。针对最高人民法院和最高人民检察院基于刑事政策考量对情节犯之情节所做的司法解释,我们应该结合实行行为的性质和刑法学的基本原理进行具体分析。对于相关司法解释对某些情节犯之情节所做的规定,在主观上需要行为人具有认识或者认识的可能性。

第四,本书对情节犯未遂形态的分析同样以"情节"在理论上的不同定位而区分为两种情况。其一,如果情节犯之情节在犯罪构成的评价范围之内,那么这种情形的情节犯在理论上就存在着犯罪未遂的可能性。其二,如果情节犯之情节超出了犯罪构成的评价范围,那么这种情形的情节犯只有犯罪成立与否的问题,并不存在犯罪的未遂形态。也就是说,如果情节犯之情节是最高人民法院和最高人民检察院基于刑事政策的考量作出的,那么,这种情节事实一旦发生就构成情节犯,如果没有发生就不成立,而不是情节犯的未遂。

目 录

引 言 ·· 1
 一、研究背景与意义 ·· 1
 二、国内外研究综述 ·· 3
 三、研究方法 ·· 10

第一章 情节犯的理论定位与概念 ·································· 12

第一节 中外刑法犯罪定量模式述评 ································· 12
 一、中外刑法犯罪定量模式概览 ····································· 12
 二、中外刑法犯罪定量模式之比较 ································· 19
 三、我国犯罪定量模式的缺陷 ·· 23

第二节 情节犯与我国《刑法》犯罪定量模式的关系 ············ 27
 一、我国《刑法》中犯罪定量因素的立法方式 ··············· 27
 二、情节犯在我国犯罪定量模式下的理论定位 ··············· 30

第三节 情节犯的概念 ·· 32
 一、犯罪情节概述 ·· 32
 二、情节犯的定义 ·· 37
 三、情节犯的特征 ·· 40

第二章　情节犯的立法设置及完善 …… 43

第一节　情节犯的立法设置与演变 …… 44
一、1979年《刑法》中的情节犯 …… 44
二、1997年至今刑事立法中的情节犯 …… 47

第二节　情节犯的立法价值与缺陷 …… 52
一、情节犯的立法价值 …… 52
二、情节犯的立法缺陷 …… 56

第三节　情节犯的立法完善 …… 63
一、总则中犯罪概念的调整 …… 65
二、第一类犯罪的立法完善 …… 68
三、第二类犯罪的立法完善 …… 70
四、第三类犯罪的立法完善 …… 79

第三章　情节犯与犯罪构成理论辨析 …… 80

第一节　不同定量模式下的犯罪构成理论 …… 80
一、大陆法系犯罪构成理论概述 …… 80
二、大陆法系司法定量的理论依据 …… 82
三、立法定量模式下的我国犯罪构成理论 …… 85

第二节　"情节严重"的理论定位与主观认知 …… 89
一、非构成要件说 …… 91
二、整体性评价要素说 …… 93
三、罪体—罪责—罪量说 …… 95
四、消极的构成要件说 …… 96
五、客观的处罚条件说 …… 97
六、区别对待说 …… 99

七、本书立场……………………………………………… 100

第四章　情节犯的认定 ……………………………………… 106

　第一节　情节犯之情节的存在范围和认定标准……………… 107
　　一、情节犯之情节的存在范围………………………………… 107
　　二、情节犯的认定标准………………………………………… 113
　第二节　情节犯的未完成形态………………………………… 116
　　一、情节犯的犯罪形态概述…………………………………… 116
　　二、情节犯的未遂形态问题…………………………………… 117
　　三、情节犯的预备形态和中止形态问题……………………… 121
　第三节　司法解释与情节犯的认定…………………………… 122
　　一、情节犯的司法解释及其意义……………………………… 122
　　二、情节犯的司法解释存在的问题及完善对策……………… 125

参考文献 ………………………………………………………… 129

后　记 …………………………………………………………… 147

引 言

一、研究背景与意义

情节犯在逻辑严密的刑法理论体系中可以说是牵一发而动全身的，它与刑法学的基本理论均有着密切的联系。从《刑法》的价值、《刑法》的基本原则、犯罪概念、犯罪构成到犯罪形态、刑罚裁量等，这些《刑法》的基本范畴都能在情节犯中体现出独特的价值和性质。此外，在中国的语境中，情节犯还与刑事政策学、法文化传统、社会学等相关学科有着深刻的关联。可以说，情节犯是刑法理论中一个看上去不太起眼的大问题。但是，我们也必须十分客观地承认，情节犯在我国尚未得到理论研究的足够重视，情节犯在绝大多数情况下仅仅以"概念"的身份或面目出现在我国的刑法理论中，理论工作者对它研究的宽度和深度均十分有限。同时，域外刑法理论中也没有直接相关的理论可供引用和参考。在当今中国，各种社会关系不断深入并迅速发展，新的社会矛盾和社会问题不断涌现，《刑法》修正案不断颁布，社会公众的价值观念也正在发生重大变化，司法公正特别是刑事司法公正受到越来越多的关注。作为生长于社会现实之中并具有独立价值的刑法理论，自然也面临着如何在社会变迁中调适、深化以发挥自身功能这样一个重大而迫切的任务。总之，在上述各种宏观和微观背景下，对情节犯进行深入系统的研究，无论是在理论上还是在实践上均具有十分重要的意义和价值。

对情节犯进行深入、系统的研究，在理论上首先有利于对《刑法》进行科学的解释。情节犯在我国刑事立法中占有相当大的比重，如何科学解释这些罪名是刑法学研究的基本任务。这样做，一方面可以及时总结情节犯在立法上的经验；另一方面也可以发现刑事立法关于情节犯的设置所存在的不足和缺陷，并提出完善建议。其次，刑法的基本理论具有一定的抽象性，只有深入细致地研究情节犯与罪刑法定原则、犯罪概念、犯罪构成、犯罪形态的关系，才能深刻理解情节犯的本质，深化刑法理论研究，使两者相得益彰。最后，从中国特殊的法文化传统、法律体系、犯罪构成理论等角度出发，可以论证情节犯存在的合理性与价值，以及其发展的方向或归宿。同时，对域外刑法特别是大陆法系刑法中蕴含的犯罪成立定量思想的相关理论，如可罚的违法性、客观的处罚条件等进行辨析，可以促使情节犯理论的自省，并为情节犯的研究提供有益的借鉴和参考。

对情节犯进行深入、系统的研究，首先，在实践上有利于准确地认定情节犯的成立范围。由于《刑法》对于情节犯定量因素的规定，是用"情节恶劣""情节严重"等用语进行表述的，而且《刑法》对于情节犯实行行为的规定也并非没有问题。在这种情况下，只有对情节犯进行科学、透彻的分析，才能为司法机关认定情节犯时所遇到的问题，如情节犯未完成形态的范围等实践中的难点问题提供合理的参考，使司法机关在对情节犯进行认定时，做到不枉不纵。其次，在实践中认定情节犯时，如何保障司法机关自由裁量权的合理行使也成为一个重要而又现实的问题。最高人民法院和最高人民检察院大量的相关司法解释应该如何评价，司法解释与自由裁量权的行使究竟应该如何协调等，都值得在理论上进行系统的研究。只有如此，才可以通过构建有效的机制，防范和化解自由裁量权被不当限制或滥用的风险，使刑法的保护机能和保障机能协调发挥。最后，司法机关只有准确合理地掌握情节犯的基本理论，才能有效地结合法条的规定和案件的具体情况，通过管控情节犯的成立范围及量刑的轻重，充分发挥情节犯的司法价值，以最为经济的司法成本实现有效化解社会矛盾、促进社会和谐稳定之司法目的。

引 言

二、国内外研究综述

(一) 国内研究综述

从总体上来说,我国刑法理论界对于情节犯所做的研究是相对分散甚至是凌乱的,并且研究的层次也不够深入。

从形式上讲,主要表现为以下几个方面:

第一,刑法学教科书对于情节犯的论述。这种研究方式出于对体系和篇幅的考虑,对情节犯的研究实质上是一种介绍性的表述,所涉及内容基本是情节犯的概念、特征等最基本的、通说性的知识。例如,陈兴良教授的《本体刑法学》一书,就情节犯的概念、积极价值、消极意义和认定等基本知识做了概括性阐述。在其构建的犯罪构成理论体系中,情节属于罪量的要素。张明楷教授在其《刑法学(第四版)》中将"整体的评价要素"作为情节犯"情节严重"和"情节恶劣"的指称,对"整体的评价要素"的性质、在构成体系中的定位及主观认识等基本问题做了简要的阐述。他认为,"整体的评价要素"在我国属于犯罪构成要件,既包括客观的要素,也包括主观的要素,但是行为人如果仅仅具有主观上的要素,那么,无论如何也不应当被认定为犯罪。同时,也只能对可能归责于行为人的违法行为及其结果追究责任,也即行为人必须对客观的情节要素存在主观上的认识或者认识的可能性,才有可能被当作犯罪来处理。

第二,专业性学术性期刊对于情节犯的研究。这是当前对情节犯研究的最主要也是最重要的研究方式,又可以划分为两种情况:其一,以情节犯为主题所做的专门研究。这类学术论文涉及的内容相对广泛和深刻。例如,一部分研究者从一般理论的角度就情节犯的分类、情节犯的价值、情节犯与罪刑法定原则和犯罪构成的关系、犯罪形态等问题展开论述。其中,有很多有代表性的论文对相关问题的论述非常深刻。其二,还有一部分研究者从《刑法》中抽取个别的、典型的情节犯作为标本进行分析,也涉及情节犯的一般理论。虽然这些研究不乏真知灼见，但总的来说只是就作者关注的重点问题展开论述，只限于有限的点，体系性和系统性相对欠缺。这类研究虽然对情节犯着墨较少，但是从其他角度对情节犯所做的论述往往能够带给我们有益的启发。

第三，以情节犯为主题的硕士、博士学位论文对情节犯的研究。这种研究方式具有较强的体系性，层次也相对深入细致。其中，有直接以"情节犯"命名并从一般理论的角度进行研究的硕士论文，也有以某一类犯罪或某一个具体的情节犯为研究对象，从而对情节犯一般理论或具体情节犯个性特点展开论述的硕士论文。有多篇文章对情节犯相关问题的论述相当有见地。当然，也有很多值得进一步思辨的地方，有些争论的问题尚待进一步探讨。另外，以情节犯为研究主题的博士学位论文至今只有一篇，即我国学者李翔的《情节犯研究》，该文已经整理成书，由上海交通大学出版社于2006年出版。该书是目前为止对情节犯最为系统的研究，但是，笔者认为其体系安排和对具体问题所持的立场均有可商榷之处。从深度上来讲，该书对情节犯的挖掘尚留有很大的余地。除以上说明的这些，还有一些其他主题的硕博论文涉及情节犯，也具有一定的参考价值。

从内容上讲，目前对于情节犯的研究主要涉及如下几个方面：

第一，情节犯的概念或者情节犯存在范围的争论。情节犯的概念是对情节犯存在范围或存在类型的概括。情节犯所包含的类型决定了情节犯概念的内涵和外延，所以，情节犯的概念和情节犯的存在范围所要表述的是同一个问题。关于情节犯中的情节的争议是其外延除了定罪情节之外是否包括量刑情节。如李翔在其博士学位论文《情节犯研究》中指出，情节犯可以划分为基本情节犯、加重情节犯和减轻情节犯，即情节犯之情节既包括定罪情节，也包括量刑情节。理论上也有不少学者赞成这种立场。这种观点的实质是把影响量刑的情节，也作为情节犯之情节。但是，有部分学者对此提出异议，认为情节犯中情节指的仅仅是定罪情节，它的范围不限于刑事法律的规定，但是不包括量刑情节。如刘艳红的《情节犯新论》认为，情节犯是以一定的概括性定罪情节为犯罪构成必备要件的犯罪。情节犯的情节只起到决定行为是否具有有罪性的作用，其在立法上的规定形式并不局限于条文中所明确规定的有"情节"字样的事实，也包括虽然没有"情节"二字，但是属于其他的概括性定罪情节的情况，如行为所得数额较大、在客观上造成严重后果等。该观点着重强调情节犯之情节起的区分罪与非罪的作用，与量刑并无直接的关系，不应该包括所谓的情节加重犯和情节减轻犯。这种观点也是目前理论上的主流观点，即从定性的角度来界定情节犯中的情节。这种立场有利于对情节犯作出合理的限定，与其他犯罪形态也可以作出明确的区分。另外，对于刑事立法中表述的过失情节犯是否具有合理性的争论，叶高峰、史卫忠的《情节犯的反思及其立法完善》认为，所有的情节犯都是故意犯罪，即构成情节犯在主观上以犯罪故意为其要件。因为我国《刑法》关于犯罪过失的规定决定了过失犯的成立均以结果发生为要件，这也就在理论上排除了其构成情节犯的可能性。刘明祥教授的《论我国刑法总则与分则相关规定的协调》也指出，我国《刑法》分则所存在的同一法条规定两个情节犯，即从形式看其中一个是故意一个是过失，以及《刑法》分则中其他法条规定的过失情节犯，是立法粗疏或者是遗漏的表现，应该通过修订《刑法》的方式予以纠正。与之相反，崔光同的《"过失情节犯"之称谓确立及立法探究——以刑法398条过失泄露国家秘密罪为视点》指出，"过失情节犯"的立法在理论上具有某种合理性，是以重大法益为对象，为了保护社会、预防犯罪而做的选择。以《刑法》第398条所规定的过失泄露国家秘密罪为标本，讨论了过失情节犯在立法上存在的价值和问题，并主张在《刑法》双重机能的平衡下对"过失情节犯"的成立范围和刑事责任加以限制，具有很重要的意义。

第二，情节犯的立法规定是否违反了罪刑法定原则明确性要求的论争。情节犯因为《刑法》规定的概括性和模糊性，面临着立法明确性的质疑，即情节犯是否违反了刑法明确性的要求。如果认为有关情节犯的立法违反了罪刑法定原则明确性要求，那么就不具有存在的合理性。正如刘亚丽《论情节犯》一文所言，《刑法》对情节犯构成要件的规定，在实行行为之后使用"情节严重"或"情节恶劣"来限定定量要素，看上去十分明确，符合明确性的要求，然而实际分析发现，其内容并不是可以直接确定的，需要司法机关对诸多的情节事实进行仔细的衡量、判断，这就必然导致刑事立法不足和刑事司法的混乱，违背现代法治观念。与之相对的是，李翔的《罪刑法定视野中情节犯之命运》指出："无论从古典罪刑法定主义的人权保障精神，还是从现代罪刑法定主义的社会保护要求来看，情节犯与罪刑法定主义的要求都不相违背。情节犯不仅不会对罪刑法定主义造成冲击，而且恰恰相反，情节犯的设置正是对明确性要求的充分诠释，而且情节犯的设置也满足了刑法谦抑性要求。"上述这两种观点代表着两种完全相反的立场，是从整体上对情节犯与罪刑法定原则中明确性要求的判断，本书认为这种一刀切的做法失之宽泛。从宏观上来讲，情节犯的立法规定在中国这样一个特殊的国情下有其存在的合理性。但是，对于某些具体的情节犯由于立法技术原因确实违反了罪刑法定原则明确性的要求，需要加以完善。

第三，情节犯的合理性与价值的论争。有些学者对于情节犯的合理性提出质疑，除了以违法罪刑法定原则为理由之外，还有如下观点：陈兴良教授在《刑法哲学》中指出，中国的刑事立法为了避免烦琐，片面地去追求简明，最后总的结果也只能是《刑法》简而不明。在《刑法》中，"情节严重"的表述大量存在，可其内涵与外延却非常含糊，它在理论上发挥的可能是定罪情节的功能，也可能是量刑情节的功能，但是因为表达不清，限制了这些功能的发挥。叶高峰、史卫忠在《情节犯的反思及其立法完善》一文中也认为，因为情节犯所涉及行为罪与非罪的判定标准，从根本上说，应该交由立法解决，所以，对其构成要件的评价范围的界定，完全委之于司法机关的司法解释，实质是立法权的旁落。刘文的硕士学位论文《情节犯研究》指出，情节犯是中国特有的犯罪形态，为了与国际及其他国家和地区的做法接轨，我们需要在《刑法》中废除情节犯。从相反的立场出发，另一部分学者对情节犯的存在进行了辩护，如马改然的《情节犯存在之合理性》对上述观点进行了逐个反驳，其基本主张是情节犯的存在与刑法明确性原则的要求并不矛盾，并且还与中国平面式犯罪构成体系相符合，更重要的是情节犯与中国的法文化传统相适应，在中国有其存在的土壤，所以立法中设置情节犯是非常合理的。另外，李翔在其博士学位论文中对情节犯的价值也作了分析，认为情节犯有立法上和司法上的双重价值。立法上灵活多样，司法上有利于保障人权和保护社会。

第四，情节犯与犯罪构成理论关系的论争。情节犯与犯罪构成的关系所要解决的一个根本问题是，情节犯之情节在理论定位上是不是犯罪构成的一个要素。非构成要件说认为，《刑法》规定情节犯"情节严重"或"情节恶劣"才构成犯罪并不是构成要件，充其量是一种提示。不同学者理由也各不相同：高铭暄教授在其《中国刑法学》中指出，犯罪构成要件理论一般都包括四个方面，情节作为第五个方面显然是不合时宜的，况且在《刑法》分则中，有的条款只是把情节严重与否作为区分轻罪与重罪的标准。另外，由于《刑法》所规定的众多情节分属于不同的犯罪构成方面，由此也可以看出，情节和犯罪要件不是并列的关系。所以，情节不能作为构成要件要素。敬大力在其《正确认识和掌握刑法中的情节》一文中指出，犯罪情节绝不应被认定为犯罪构成的要件，犯罪构成要件是从面上来把握构成犯罪，犯罪情节是从度上来把握构成犯罪，它们在理论上的作用不同。犯罪构成的每一方面都有自己的情节，情节是犯罪要件的下位概念。赵炳寿则在其《刑法若干理论问题研究》中认为，定罪情节是认定某种行为是否具备犯罪构成符合性的依据之一，但"情节严重"和"情节恶劣"在理论体系上并不是犯罪构成的要件。这种否定情节犯之情节为犯罪构成要件的观点在时间上产生的也相对较早，其后产生的各种观点大多都承认情节犯之情节在犯罪构成中的地位，但具体来讲主张又各不相同。张明楷教授认为情节犯之情节属于犯罪构成中的整体性评价要素，属于构成要件。陈兴良教授认为情节犯之情节在其所倡导的犯罪构成理论体系中属于"罪量"要素，是一个单独的构成要件。而另外一部分学者则认为情节犯之情节与正当防卫、紧急避险一样属于犯罪的消极构成要件。还有一部分学者主张借鉴大陆法系刑法理论中客观的处罚条件理论，认为情节犯之情节就属于客观的处罚条件。我国青年学者王莹提出了一种有力的观点，主张把情节犯之情节以是否在犯罪构成评价范围内为标准区分为两种情形：如果在构成要件的评价范围内则属于犯罪构成的要素；如果超出了犯罪构成的评价范围则不属于犯罪构成的要素。本书认为上述各种观点对于深化对该问题的认识无疑具有重要价值，但是，它们也均有进一步辨析和讨论的余地。

第五，情节犯的犯罪形态的论争。犯罪形态是刑法理论中一个重要而又复杂的问题，一般认为包括故意犯罪的停止形态、共同犯罪和罪数形态。理论上通常认为，对于情节犯的罪数形态和共同犯罪形态，按照相关理论进行处理就可以了，不存在复杂和疑难之处。存在较大争议的是情节犯的故意犯罪的停止形态。因为情节犯都是故意犯罪，这里首先涉及的一个问题就是，情节犯是否存在犯罪的未遂形态。按照以往通说性的观点，情节犯的成立以"情节严重"或"情节恶劣"为条件，如果行为不具备"情节严重"或"情节恶劣"的条件，情节犯就不能成立，自然情节犯也就不存在犯罪的未遂。于是，情节犯的故意犯罪形态只有成立与否的问题，而不存在犯罪的未遂形态。但是，现在对于情节犯的理论研究越来越多地趋向于承认情节犯存在未完成形态，如李翔在其博士学位论文《情节犯研究》中认为，情节犯在理论上存在着犯罪未完成形态，并对情节犯的既遂、预备、中止和未遂做了详细分析。吴嘉平则在其文《78张过期车票无法出手，票贩子如何处理》中，就具体的情节犯倒卖车票罪的未遂形态，列举了司法实践中的一个真实案例来分析论证情节犯未遂是实际存在的。其次，如果承认了情节犯的未遂，那么，继之而起的问题就是是否也存在情节犯的预备和中止，对他们是否应该处罚。因为绝大多数情节犯是轻罪，那么情节犯的预备形态和中止形态的社会危害性也应该更低，所以，相当一部分学者认为不应当将它们作为犯罪来处理。而相反的观点则在理论上对情节犯的预备和中止形态进行了解析，如前述李翔在其博士学位论文中就采取了这种做法。本书认为，情节犯的未完成形态只存在未遂形态，对于情节犯的预备和中止形态，不应该承认其有成立的可能性。

(二) 域外研究综述

因为立法模式的差别，域外刑事立法中尤其是大陆法系国家的刑事立法，对犯罪的成立往往根据行为类型的不同在立法上仅做定性的规定，并没有规定定量因素。所以，刑法理论上自然也就没有情节犯的概念。但是，这并不意味着域外的刑法中没有定量理论的研究。域外刑法在司法上定量的做法与我国刑事立法对犯罪成立在定性的基础上又定量的做法其实质是一致或相似的，理论上也形成了相关的理论。我们对这些理论进行仔细的研究和比对，不仅可以反思我国情节犯的立法设置和理论立场，也可以为情节犯的完善提供有益的借鉴。

我们认为在域外刑法中尤其是大陆法系刑法理论中，与情节犯定量思想相关的刑法理论主要有实质的违法性理论、可罚的违法性理论和社会的相当性理论。这些理论为大陆法系国家的司法机关的司法定量提供理论上的支撑，为轻微违法行为的出罪提供可能。但是，除了立法模式的不同外，我国通说的犯罪构成理论体系与大陆法系的犯罪构成理论体系也存在明显的区别，情节犯和这些理论之间的真正关联到底如何还需要审慎地辨析。

在此，仅以可罚的违法性理论进行说明。同样，理论界大多数观点也是将该理论作为司法定量的理论基础而展开论述的。比如，大陆法系刑法理论认为，可罚的违法性理论就是从定量的角度出发，对犯罪的成立范围和处罚界限进行限定的理论，其理论基础与情节犯的立法设置蕴含了相同的思想，即刑法的谦抑性理论与实质的违法性理论。李翔在其博士学位论文《情节犯研究》一书中评价了上述观点。我们认为，由于我国的犯罪构成理论与大陆法系国家犯罪构成理论体系，在层次结构和具体内容上存在着巨大的差异，导致了我国通说的犯罪构成理论体系还无法直接引进可罚的违法性理论，只能在对其分析和理解的基础上对我国的情节犯制度进行反思。事实上，在大陆法系刑法理论中，对于可罚的违法性理论在犯罪构成体系中的地位，在不同的学者之间还存在着激烈的争论。这也更进一步增加了我们对大陆法系相关理论借鉴的难度。

三、研究方法

论文写作不是各种知识的简单堆砌，而是在自己所占有资料的基础上，采用一定的方法对自己所提命题的辨析、论证、挖掘和升华。采用科学的研究方法并灵活运用，是理论研究取得成果的关键因素之一，所以，本书非常注重研究方法的选择和使用。本选题立足于我国情节犯的刑事立法和司法实践，以及现有的研究成果，同时参考借鉴域外刑法特别是大陆法系刑法中的相关制度和思想，从宏观和微观层面来论证情节犯的基本理论问题，并提出在立法上和司法上对情节犯完善的建议。本书将与研究问题相适应，综合采用以下研究方法：

（一）规范分析法

刑事立法在整个法律体系中以逻辑严密、对明确性要求极高和制裁最为严厉的特点表现出极强的规范属性。可以说，对刑事立法的规范分析是研习刑法学的最基本、最重要而又核心的方法，以至于以对刑事立法规范注释为使命的注释刑法学被称为狭义的刑法学。规范分析方法侧重于对既有法律规范的解释、阐明和逻辑性演绎，追求法律规范内部的逻辑融洽和规则的体系化。情节犯概括性和模糊性的特点决定了对其进行规范分析的重要性和难度，本选题正是从对刑法规范的分析入手，对情节犯的概念、犯罪构成、与其他刑法规范的协调，乃至于与整个法律体系的协调进行规范分析，并将此作为本书的重要内容和其他各项研究的基础。

（二）比较分析法

比较研究方法又称比较法，通常是指对不同法系、不同国家或地区以及相同国家不同法域的法律进行对比考察，发现其异同和各自的优缺点的方法。在刑法学的研究中，比较刑法学甚至作为一门学科而存在，这体现出比较研究方法对于刑法学研究的重要意义。本选题通过比较中国与域外刑法中与情节犯相关的制度和思想，从宏观上对情节犯在我国刑法理论体系中的合理性进行分析。通过对国内学者就情节犯制度中的各个具体问题，如情节犯概念、情节犯与犯罪构成的关系、情节犯的未完成形态等的比对，从微观上对本选题进行论证分析。

(三) 案例分析法

案例分析法是指通过对实践中与选题相关的典型案例进行剖析，建立和检验知识性命题的一种研究方法，具有直观、生动和比对性强的特点。本选题拟采用分析典型案例的方法，对情节犯的争议问题进行分析说明，可使得出的结论更加直观，也更具有说服力。因为情节犯首先表现为《刑法》分则规定的具体罪名，其具体运用主要表现为司法实践中具体案件的处理，同时实践中也确实存在一些复杂疑难的案件需要刑法理论去破解，所以，案例分析法对于情节犯制度的构建和问题的解决无疑具有特别重要的意义。

(四) 价值分析法

价值分析方法就是通过认知和评价社会现象的价值属性，从而揭示、批判或确证一定社会价值或理想的方法。法律作为调整社会生活的规范体系，从终极意义上说，它的存在本身并不是目的，而是实现一定价值的手段。《刑法》肩负着实现公正、人道、自由等人类共享的崇高价值的神圣使命。作为刑法学理论体系一部分的情节犯相关理论，自然也不能背离上述基本价值。所以，本选题在进行研究时会自觉接受上述价值观念的指导，并在情节犯各种具体制度的构建上为上述价值的实现提供保障。

第一章

情节犯的理论定位与概念

第一节 中外刑法犯罪定量模式述评

一、中外刑法犯罪定量模式概览

在当今世界各国,犯罪行为无疑都是最严重的违法行为,各国几乎都在自己的法律中对何种行为构成犯罪以及如何处罚作出了规定,以期实现预防犯罪、保卫社会的目的。刑事立法除了要遵守必要性、可行性、统一性等原则之外,往往还会受到其他多种因素的制约,如民族文化传统、政治组织方式、经济运行体制、刑事司法能力、社会文明程度、不法行为态势等。由于上述各种影响因素在各个国家的表现存在重大差异,所以,世界各国在自己的法律制度中对犯罪行为的设置方式以及犯罪行为的成立范围等问题的规定往往也各不相同。综观当今世界各主要国家的刑事立法,结合我国学者对于犯罪定量因素的研究成果,以对犯罪成立定量因素的设置方式为标准,大致可以将世界各国的刑事立法分为如下两种模式:

(一)立法定性、司法定量模式

所谓立法定性、司法定量模式,指的是刑事立法在界定犯罪时仅做定性的规定，至于符合某种犯罪类型的行为究竟在多大范围内成立犯罪，则由司法机关根据一定的规则排除危害轻微的行为后予以确定。这样的立法方式体现了犯罪定量的司法化运作模式。① 世界上绝大多数国家的刑事立法，无论是大陆法系国家还是英美法系国家，对于犯罪成立定量因素的设置均采取这种做法。

大陆法系国家往往在总则中并不规定犯罪的一般概念，例如，1976年《联邦德国刑法典》总则部分并未规定犯罪的一般概念，自然对于犯罪的成立在整体上也无从规定定量因素。而有的国家即使在刑法典中规定了形式的犯罪概念，对犯罪的成立也不做量的要求。例如，1810年《法国刑法典》第1条对犯罪的一般概念做了如下规定："法律以警察刑处罚的犯罪，为违警罪；法律以矫正刑处罚的犯罪，为轻罪；法律以剥夺生命、身体自由或身份能力之刑处罚的犯罪为重罪。"② 依此规定，犯罪行为在法国仅仅被认为是在性质上被处以各种刑罚的行为，定量因素并不是犯罪的一般概念所包括的内容。大陆法系国家在设置刑法分则的具体罪名时，从行为是否构成犯罪的角度来讲，仅做定性的规定，而没有定量的规定。也就是说，某一行为只要符合刑法规定的某一犯罪类型，在理论上就构成犯罪。当然，这也不排除在行为构成犯罪的基础上，立法者根据行为的不同情节在刑法中设置不同法定刑的情况。即在大陆法系的刑法中也存在关于定量因素的规定，只不过这些定量因素是在行为构成犯罪的基础上，对影响行为人刑事责任大小的各项因素的规定，是对于法定刑选择的问题，仅仅具有量刑的意义。以较为常见的盗窃罪为例，1810年《法国刑法典》第379条规定："窃取不属于己有之物者，为盗窃罪。"这就是说在法国，只要窃取了不属于自己所有的财物的行为，不管财物的价值数量大小，在原则上都可以构成盗窃罪。1976年《联邦德国刑法典》第242条为"单纯盗窃"的规定："意图自己之不法所有窃取他人动产者，处……"第243条为

---

① 赵林虎：《论我国刑法中犯罪定量的合理性及其模式》，《宝鸡文理学院学报》2010年第6期。

② 储槐植：《刑事一体化与关系刑法论》，北京大学出版社1997年版，第270页。

"加重盗窃"的规定:"……有下列情形之一者,原则上为情节重大:①侵入、爬越、以假钥匙开启或以其他不正当之开启工具进入建筑物、住宅、办公或商业场所,或其他锁闭场所,或隐藏于该场所内以实行犯罪者;②自紧锁之容器或其他防止偷盗之保险设备中盗取物品者;③常业盗窃者;④自教堂或其他宗教用场所内窃取礼拜用或举行宗教仪式用之物品者;⑤窃取公开展览或公开陈列之学术、艺术、历史或技术发展上有重大价值之物品者;⑥利用他人无助、意外事件、公共危险时盗窃者。"由此两条规定可以发现,在德国,行为构成单纯盗窃罪在立法上没有量的要求,行为要构成加重盗窃罪,则取决于盗窃行为的手段、方式、地点、对象的性质、利用客观存在的其他因素等,也没有明确规定财产数额对于盗窃罪成立的影响。[①] 1930年颁布的《意大利刑法典》规定的盗窃罪是:"意图为自己或他人不法之所有,窃取他人动产而占为己有者。"该法典第625条规定的是盗窃罪的加重情节,其中第8项规定:"窃取成群之家畜三只以上……"可见意大利刑法对构成盗窃罪也没有定量的要求,"窃取成群之家畜三只以上"虽是定量因素,但属于加重法定刑的情节,不具有犯罪构成的意义。

在英美法系国家,无论是普通法还是成文法,对于犯罪行为的规定均是依据行为的性质而定,对于具有犯罪性质的轻微行为也是通过司法程序予以排除。在英国早期的普通法时代,所有盗窃行为都是重罪,英国现在的盗窃罪虽然分为轻盗窃和重盗窃,但是这种轻重程度之分亦只有刑罚上的意义。1962年美国《模范刑法典》关于盗窃罪的等级规定是:"盗窃数额超过500美元或者盗窃发火武器或机动交通工具的,构成三级重罪;盗窃数额50美元以下的构成微罪;其他情况属于轻罪。"[②] 按法条字面解释,盗窃1美元也是犯罪(微罪也是罪)。美国各州的刑法典也基本参照《模范刑法典》的精神,对盗窃罪做了类似的规定。不难看出,美国对于盗窃罪的认定也是依据行为的性质进行的,虽然根据盗窃数额的不同予以区

[①] 赵秉志:《外国刑法原理——大陆法系》,人民出版社2000年版,第139页。
[②] 储槐植:《刑事一体化与关系刑法论》,北京大学出版社1997年版,第270页。

分，但这样做只是为了划定与不同的数额情节相对应的刑罚等级。

对于那些虽然具有犯罪性质但是情节轻微行为的处理，无论大陆法系国家还是英美法系国家均是在司法的程序中予以确定和解决的，这就是所谓的司法定量。大陆法系国家如日本，轻微行为如果在性质上构成犯罪，一旦被检举，则一定被受理。但并不是均由法院进行裁判，具体的做法是根据案件的轻微程度不同，分别由警察机关、检察机关以及法院来处理。① 在德国，刑事诉讼法中规定酌定起诉制度，赋予检察官起诉的自由裁量权，实行起诉便宜主义，若被告人的行为构成犯罪，且不具备违法阻却事由或责任阻却事由，但罪行轻微，检察官可决定不予起诉或暂缓起诉。此外，德国还可以通过谅解与协商的方法解决轻微事件。德国的许多犯罪案件，尤其是经济犯罪案件，都是通过谅解和协商结案的。协商的结果可以认定为有罪，或提出从轻处罚的条件，或认定为无罪。② 在英国，实行所谓"警察警告"，由高级警官在警察局对实施轻微罪行的犯罪人进行正式的训诫，训诫完毕案件即告终结；检察官在对警方移送起诉的案件审查后，如果做出了同样的判断，也可以决定不起诉或暂缓起诉；而法官对控方起诉的案件进行审理后，如果认为情节轻微、危害不大，或者不值得定罪处罚的，运用其自由裁量权，对被告人宣告无罪或者不认定有罪，更是被广泛认可的司法实践。③ 在美国，长期以来都存在司法能动主义观念，通过制度设计赋予司法机关充分的自由裁量权，认为刑法条文的设计无论如何不可能达到直接适用于具体案件的程度，即基于立法的局限性，认为立法上绝对的定量是不可能的。司法机关可以利用自由裁量权与衡平权，将不具备充足犯罪定量因素的行为排除在犯罪圈之外。在刑事追究的立案侦查、起诉和审判的各个阶段，警官、检察官及法官都可以根据自己对特定行为违法程度、可罚的违法性的判断，做出终止刑事诉讼程序的裁量。

---

① 储槐植、张永红：《刑法第13条但书的价值蕴涵》，《江苏警官学院学报》2003年第2期。
② 王世洲：《从比较刑法到功能刑法》，长安大学出版社2003年版，第11-13页。
③ 李洁：《中日刑事违法类型与其他违法行为类型关系之比较研究》，《环球法律评论》2003年秋季号。

如警官遇到很轻微的案件可以自由处置（如教育），不必都送检察官。如果检察官认为罪行不大，也可以自由处置。如果法官认为罪行较轻，也可以不给予刑法处置。① 在理论上，对于具有犯罪性质的轻微行为排除其犯罪性，大陆法系国家的主要依据是实质的违法理论和可罚的违法理论，英美法系国家的主要依据是社会相当性理论。②

（二）立法定性又定量、司法再定量模式

以储槐植教授为代表的多数学者认为，与前述世界上绝大多数国家所采用的"立法定性、司法定量"模式相对应的，是以我国刑事立法为代表的"立法定性又定量"模式。他们指出，所谓"立法定性又定量"，是指在界定犯罪概念时，既对行为的性质进行考察，又对行为中所包含的"数量"进行评价，是否达到一定的数量对决定某些行为是否构成犯罪具有重要意义。③ 应当认为，这种把我国《刑法》犯罪定量模式概括为"立法定性又定量"模式的观点，抓住了我国法律制度在定量时有别于前述"立法定性、司法定量"模式的核心特点——在立法时对犯罪成立的定性因素和定量因素同时作出规定，即在立法环节就将轻微的反社会行为排除在犯罪圈之外，只有行为的性质符合犯罪构成，同时在量上达到一定的严重程度时，才被规定为犯罪。不过，随着研究的深入，有学者不断发现"立法定性又定量"模式并不能全面反映我国刑事法治过程中对犯罪定量的真实面貌。于是，对我国犯罪定量的模式又出现了新的概括。如有学者认为，从法律实现的角度讲，"立法定性又定量"模式只是一种理想化的诉求，要把这种立法表达的理想诉求转变为现实就必须依赖于司法活动中法官的主体选择性。在我国《刑法》规定的犯罪定量因素具有高度抽象性、模糊性的情况下，具体案件事实中的犯罪的定量要求其实是通过司法

---

① 储槐植：《美国刑法（第三版）》，北京大学出版社2005年版，第35页。
② 范淼：《我国刑法中犯罪定量模式探究》，吉林大学硕士学位论文，2012年。
③ 储槐植：《再论我国刑法中犯罪概念的定量因素》，《法学研究》2000年第2期。

定量完成的。① 也有学者从罪刑法定的角度出发,认为在"立法定性又定量"模式下,构成犯罪的必须是达到一定危害程度的行为,轻微行为不作为犯罪处理。这种程度上的要求要在立法中予以表现,但到目前为止尚未发现可以采用的既可以贯彻罪刑法定原则明确要求又可以有效限定其程度的有效方法。因此,在这个问题上,立法具有绝望性。② 这也就决定了在立法定性又定量的基础上,司法需要再次定量,才能作出对某一行为是否构成犯罪的最终认定。所以,与前述"立法定性、司法定量"模式一样,我国在刑事立法定性又定量的前提下,司法定量也是同样存在的。综观世界各国的刑事法治运作现状,任何国家只要适用刑法就必然存在"司法定量"。③

总之,笔者认为"立法定性又定量"模式忽视了法官在我国刑事法治运作过程中定罪时所占据的主体性地位,而且目前尚不具备既能贯彻明确性又能准确定量的立法技术。所以,综合上述各位学者的观点,宜将我国《刑法》对犯罪的定量模式概括为"立法定性又定量、司法再定量"模式。可以说,这样的概括既符合刑事立法的规定,也与司法实践中的做法保持了一致,应当认为是比较符合中国刑事法治运作的现状的。

我国《刑法》的"立法定性又定量、司法再定量"模式主要体现在以下几个方面:首先,我国现行刑法典在总则第 13 条规定了犯罪的概念:"一切危害国家主权、领土完整和安全,分裂国家、颠覆人民民主专政的政权和推翻社会主义制度,破坏社会秩序和经济秩序,侵犯国有财产或者劳动群众集体所有的财产,侵犯公民私人所有的财产,侵犯公民的人身权利、民主权利和其他权利,以及其他危害社会的行为,依照法律应当受刑罚处罚的,都是犯罪,但是情节显著轻微危害不大的,不

---

① 赵林虎:《论我国刑法中犯罪定量的合理性及其模式》,《宝鸡文理学院学报》2010 年第 6 期。
② 李洁:《罪刑法定之明确性要求的立法实现——围绕行为程度之立法规定方式问题》,《法学评论(双月刊)》2002 年第 6 期。
③ 白利勇:《论定量因素在我国犯罪构成中的定位——基于我国犯罪构成理论完善的视角》,《湖南公安高等专科学校学报》2010 年第 6 期。

认为是犯罪。"这一犯罪概念被认为是定性与定量相统一的犯罪概念。根据这一概念，在我国，行为要构成犯罪在性质上必须是危害社会的行为，在程度上或者说在量上必须具有相当严重的社会危害性，同时需要被《刑法》所规定。这说明在犯罪的一般概念上，《刑法》在定性的同时又进行了定量，从立法上排除了第13条"但书"中情节显著轻微危害不大的行为构成犯罪的可能性。其次，由于《刑法》总则在法律效力上对《刑法》分则具有指导和制约作用，我国现行《刑法》分则所规定的所有罪名都应当是既定性又定量的。尤其是《刑法》分则所规定的某些结果犯、数额犯、情节犯，对犯罪定量因素的设置体现得最为明显。例如，《刑法》第137条是对工程重大安全事故罪的规定："建设单位、设计单位、施工单位、工程监理单位违反国家规定，降低工程质量标准，造成重大安全事故的，对直接责任人员，处五年以下有期徒刑或者拘役，并处罚金；后果特别严重的，处五年以上十年以下有期徒刑，并处罚金。"依据本条的规定，要构成工程重大安全事故罪，行为人除了要违反相关的注意义务之外，在客观上还必须"造成重大安全事故"，也就是说本罪的成立与否通过危害结果这一定量因素进行限定。《刑法》第140条是关于生产销售伪劣产品罪的规定："生产者、销售者在产品中掺杂、掺假，以假充真，以次充好或者以不合格产品冒充合格产品，销售金额五万元以上不满二十万元的，处二年以下有期徒刑或者拘役，并处或者单处销售金额百分之五十以上二倍以下罚金……"依据本条的规定，行为要构成生产销售伪劣产品罪，生产或销售的伪劣产品在数额上至少要达到五万元。否则，不能够成本罪。《刑法》第246条是对侮辱罪、诽谤罪的规定："以暴力或者其他方法公然侮辱他人或者捏造事实诽谤他人，情节严重的，处三年以下有期徒刑、拘役、管制或者剥夺政治权利。"依据本条的规定，要构成侮辱或诽谤罪，除了实施侮辱行为以外，还必须达到"情节严重"这一量的标准。最后，由于我国《刑法》分则对具体犯罪定量因素的规定大多比较概括和模糊，这就决定了司法人员尤其是法官在办理具体案件时，在认定案件性质的基础上，还必须对行为进行量的判断。例如，对于上述罪名，要构成工程重大安全事故罪就必须判断是否有重大安全事故的存在；要构成生产、销售伪劣产品罪就必须判断销售金额是否达到了五万元的要求；要构成侮辱罪或诽谤罪，就必须综合全案的所有情况，判断情节是否达到了严重的程度。法官的定量判断在司法实践中对于犯罪的认定是十分必要的。

二、中外刑法犯罪定量模式之比较

（一）两种定量模式的异同

从维护社会这个有机体正常的生存和发展的角度来讲，所有的反社会行为都是应当被抵制和排除的。但是，人类社会并不是对于所有的反社会行为都简单地采取刑罚的方法以自保，而是对反社会行为在定性的基础上进行定量的分析。由于不同类型的行为在危害性量上具有差异，采取的处罚措施也就不同。应该说，法律手段在现代社会中是应对各种危害社会的行为的最重要措施之一，但是刑法手段不应该是唯一和首选。可以说，在刑法理论中对具有危害社会属性的行为在量上进行分析，反映了人类对犯罪的认识在层次上的提升。无论是在立法定性的模式下进行司法定量，还是在立法中既定性又定量的基础上，司法机关再进行定量分析，其所反映的问题是相同的，即在两种不同的犯罪立法模式下判断行为是否构成犯罪都需要进行定量的分析。从这个角度讲，两种看似不同的定量模式也存在着相同点。正如有的学者所指出的那样，各种不同的反社会行为存在着相当明显的性质上和程度上的差别，只有那些具有严重社会危害性的行为才应当被认定为犯罪并追究其刑事责任。应该以刑罚来惩处的犯罪行为，即具有严重社会危害性的行为，如果不对其进行量上的区分，那么，就无法把犯罪行为从诸多的反社会行为中挑选出来。所以，从这个角度上来说，凡是存在严重危害行为与轻微危害行为之分的国家，刑事立法中就一定存在对犯罪的成立在量上的条件和要求。所以，对犯罪进行定量是当今各国普遍的做法，但是由于各个国家的国情各不相同，选择定量的具体路径也不尽一致。①

两种犯罪定量模式也存在着十分明显的差别："立法定性、司法定量"模式将行为社会危害性定量因素的大小全部交由司法机关进行独立判断，而"立法定性又定量、司法再定量"模式对构成犯罪的行为的社会危害性的量既在立法时做出一定的要求，又在司法环节由司法机关尤其是法官予以最终确定。也就是说，两种定量模式中定量的存在环节不一样，前者完全是在司法阶段，后者既存在于立法阶段又存在于司法阶段。实际上，无论是否在立法上将轻微行为纳入犯罪的范围，任意选择一种犯罪定量立法模式，一般都会在认定犯罪时将定量的因素当作重要的判断标准，两者只是因为对犯罪概念的理解在观念上存有很大的差别，使犯罪定量在刑事立法上的设定方式和司法实践中的具体操作方式不一样罢了。②

(二) 造成两种定量模式差异的原因

在理论上进一步深究，是什么原因导致两种定量模式产生上述差异的呢？笼统地讲，采取不同的犯罪定量模式往往与不同国家的民族文化传统、权力配置方式、法律体系的构建、刑事司法能力、国家的刑事政策等因素有关。综合现有的研究成果，具体来讲，造成两种犯罪定量模式差异的原因主要有以下几个方面：

首先，在构建各自的法律体系时，大陆法系和英美法系国家对违法类型的划分与中国大相径庭，是导致分别采取犯罪的不同定量模式的重要原因之一。大陆法系国家和英美法系国家规定的犯罪行为与其他违法行为，一般很少存在行为类型上的连接或交叉，而是多规定以不同的行为侵害相

---

① 赵林虎：《论我国刑法中犯罪定量的合理性及其模式》，《宝鸡文理学院学报》2010年第6期。

② 张勇：《犯罪定量刑法模式的比较与选择》，《河北法学》2006年第5期。

同的法益时,有的行为方式是犯罪,有的行为方式是其他违法。① 刑事违法行为与其他违法行为之间,一般不存在交叉的部分,不会存在某行为类型在轻微的时候属于一般违法,而在严重的时候属于犯罪的情况。一种行为类型,只要法律将其规定为一般违法,无论行为多么严重,情节多么恶劣,后果多大,也是一般违法而不是犯罪。以大陆法系国家的刑法学看来,民事违法行为的侵害是个体性质的,而犯罪行为具有社会危害性,危害的是公共利益,两者的区别在于质上的不同,而非量上的差异,所以,应当以质来区分犯罪行为与民事违法行为。② 我国法律体系对违法类型的设置一般同时以行为模式和社会危害性程度为标准。违法行为一般可以划分为民事违法、经济违法、行政违法、刑事违法四类。相同行为类型的两个违法行为完全可以因为社会危害性程度的不同而归属于不同的违法类型,也就是说,刑事违法与其他违法在行为类型上具有交叉或重合性。犯罪行为即刑事违法行为是最严重的违法行为,这就决定了刑事违法行为相比其他类型的违法行为,是社会危害程度更强、值得用刑罚手段加以规制的行为。可见,中国法律体系的设定方式已经决定了《刑法》规定的许多犯罪必然存在着程度上的要求,如果没有程度上的要求,就必然会混淆犯罪和一般违法的界限。③

其次,基于法律文化的传统分析,对国家管理和社会生活都尽可能多地依赖法律,是西方法律文化的一个基本特征,而在中国的法律文化中,对社会生活和国家管理应该尽量少地依赖法律。法就是指刑法,只有在迫不得已的时候才将其作为规制手段对那些具有严重的社会危害性的行为进行处置。④ 西方的法治,在社会生活中逐渐树立起法律的权威,也在公民的心中培养了对法治的信仰。所以,将公民社会生活和国家管理事务中的

---

① [日]前田雅英:《可罚的违法性论研究》,东京大学出版会1982年版,第23、475、219页。
② 范淼:《我国刑法中犯罪定量模式探究》,吉林大学硕士学位论文,2012年。
③ 李洁:《罪刑法定之明确性要求的立法实现——围绕行为程度之立法规定方式问题》,《法学评论(双月刊)》2002年第6期。
④ 张勇:《犯罪定量刑法模式的比较与选择》,《河北法学》2006年第5期。

各项行为都尽量纳入法治的轨道，让法律来解决各种纠纷，能够取得良好的社会效果。我国传统的德主刑辅、重礼轻法、法不责众等法律思想，对当代中国仍然有较深的影响，这就决定我们在划定犯罪圈时要比西方社会小得多，只能将一些社会危害性比较大的行为设定为犯罪。如果将一些危害性非常小的行为也认定为犯罪，那么刑罚将难以取得良好的社会效果。另外，在我国的法文化中，重刑主义思想是我国刑法传统。重刑决定了刑法的打击面不能太宽泛，作为对重刑弊端的补救，法不治众的统治策略得以形成。而缩小打击面最为简约的方式便是对犯罪构成的量进行控制，把没有达到一定"数量界限"的危害行为排除在犯罪圈之外。[①]

最后，两种不同的犯罪定量模式与其各自生长的政治权力的运作环境也存在着密切的关联。西方社会受三权分立思想的影响，其政治权力一般被划分为立法、司法和行政三项权能，分别由不同的机关独立享有，在行使的时候相互制衡。立法机关制定各项法律，并规定了对侵害社会的行为进行一元制裁的法律体系。这就要求西方国家的立法机关在制定刑法时，应当采取立法定性的模式，至于轻微的反社会行为是否构成犯罪，则交由司法机关进行独立的判断和裁量，而行政机关不得以任何借口和理由加以干涉，即所谓的"司法定量"。从中国自近代开始的法制现代化的发展来看，国家行政权力起主导作用，这就使得国家行政权力在推动法制现代化的同时得到了扩张，与司法权形成了二元并存的局面。尤其是在我国还没有建立严格意义上的司法独立体制的情况下，行政权对司法权分割形成二元制裁的模式也是理所当然的。[②] 国家的立法机关在制定法律时就根据反社会行为社会危害程度的不同对其进行区分，将具有严重社会危害性的行为规定为犯罪，待司法机关再定量以后追究其刑事责任，而对那些社会危害程度较小不构成犯罪的行为，则交由行政机关依据行政法律、法规追究其行政责任。所以，从我国对反社会行为进行二元制裁的现实格局看，犯

---

① 张勇：《犯罪定量刑法模式的比较与选择》，《河北法学》2006年第5期。
② 赵林虎：《论我国刑法中犯罪定量的合理性及其模式》，《宝鸡文理学院学报》2010年第6期。

罪定量因素的立法规定是历史和现实的产物。①

三、我国犯罪定量模式的缺陷

造成上述两种犯罪定量模式差异的原因,换一个角度来讲,也就是两种不同的犯罪定量模式各自存在的合理性依据。由于我国法律体系的设置、法文化传统和国家的权力运作体系等方面的原因,使得我国的"立法定性又定量、司法再定量"模式在现阶段具有存在的合理性,正如有的论者所言:"我国《刑法》分则中的定量因素具有刑法规范制度上的契合性与刑法理论语境中的适应性。"② 但是,这并不意味着该模式在理论上是完美的,我们必须永远坚持不变。恰恰相反,我国的犯罪定量模式与"立法定性、司法定量"模式相比在理论上具备明显的缺陷。

第一,我国《刑法》在立法上规定犯罪成立的定量因素有导致立法遗漏之虞③,并不能完全实现《刑法》保护法益之目的。我国《刑法》总则中关于犯罪概念的规定把"情节显著轻微危害不大"的行为,在一般意义上排除出犯罪的成立范围。《刑法》分则具体罪名也在规定行为类型的同时,在社会危害程度的量上设置了入罪的门槛。这种貌似体现了刑法谦抑性的立法定量做法,在立法上实则有对法益保护遗漏之虞。在这里,以我国刑事立法中大量存在的数额犯为例进行说明。行为社会危害性的判断是一种综合性的判断,仅仅由影响社会危害性大小的诸多因素中的数额来确定犯罪的边界,势必在理论上和实践上造成入罪的遗漏和出罪的遗漏。所谓入罪的遗漏,是指某一行为虽然其涉罪的数额并未达到法定的标准,可其他情节严重,以致综合全案该行为已经到了"相当严重的程度",应该追究刑事责任,可由于数额方面并未达到法定的标准,所以,不能作为犯

---

① 赵林虎:《论我国刑法中犯罪定量的合理性及其模式》,《宝鸡文理学院学报》2010年第6期。
② 刘树德:《宪政维度的刑法思考》,法律出版社2002年版,第116页。
③ 李洁:《论犯罪定量因素立法化对法定刑模式的要求——以抢劫罪为实例的研究》,《江苏行政学院学报》2008年第3期。

罪来处理。所谓出罪的遗漏,是指某一行为虽然其涉罪的数额已经达到法定的标准,但是其他情节较轻,以致综合全案该行为并未达到"相当严重的程度",不应该追究刑事责任,可由于数额方面已经达到法定的标准,所以,也必须作为犯罪来处理。这种立法上的遗漏导致入罪和出罪的不公正,显然有违《刑法》保护法益的目的。而仅在立法上定性,把定量的判断完全委诸于司法机关,从立法上来看,实现了对社会的最大程度的保护,也使罪与非罪行为的区分比较明确。①

第二,我国《刑法》在立法上对犯罪定量,使《刑法》条文看似明确实则模糊,有违明确性原则,不利于《刑法》保障功能的实现,并且使司法权的行使变得扭曲。我国《刑法》分则在设置具体罪名时,定性的同时又确定了危害程度的量,这样做看上去使犯罪成立的界限非常清晰,符合罪刑法定原则明确性的要求。但是,现代的立法技术绝对不可能达到绝对定量的水平,这就导致我国的刑事立法在多数时候对犯罪的定量因素只能采取概括式的表述方式,大量使用诸如"严重后果""严重损失""数额较大""情节严重""情节恶劣"等词汇,使得犯罪的边界模糊不清。"使《刑法》丧失其确定性、安定性,没有保障功能可言……虽说中国《刑法》的规定同样能达到区分微罪非罪的结果,但其规定有破坏《刑法》保障功能的嫌疑,这种做法因小失大,不应当模仿。"② 立法上的这种模糊性导致各地司法机关在认定犯罪的时候,往往各行其是,造成执法上的混乱。在这种情况下,最高司法机关不得不颁布大量的司法解释,对行为构成犯罪必须达到的数量界限予以明确的规定。随着司法解释的进一步膨胀,最高司法机关的规范化司法解释几乎取代了法官自由裁量,使我国的"司法定量"出现了强烈的异化,事实上成为了"司法解释定量",即最高司法机关的规范化司法解释取代了法官自由裁量。在司法解释愈演愈烈的当下,司法解释一定程度上有篡夺立法权之趋势,甚至

---

① 董红:《中国刑法中的犯罪定量因素研究》,华东政法大学硕士学位论文,2011年。
② 林山田:《刑事法论丛》,兴丰印刷厂有限公司1997年版,第21—22页。

到了没有相关司法解释，法律就无法实施的危险地步。① 西方法治国家则完全将犯罪的定量问题交由司法机关解决，在保障刑法规定明确性的同时，又保留了法官的独立审判权，使其能够对犯罪的成立范围做出合理的认定。

第三，我国《刑法》对犯罪成立定量因素的规定事实上导致了行政参与司法，并最终致使受处罚的公民的合法权益得不到有效保护。行政行为的性质是管理，行政强制是推行管理的需要。在行政违法的构造中，不应有社会危害性的内容，对于违反行政法给社会造成危害的行为，行政机关应采取行政强制措施，迫使当事人服从管理，仅此而已，对于其行为的社会危害性的认定和处罚则是刑法的任务。根据我国《刑法》的规定，对于一部分社会危害性较小的行为，我国的行政机关可以进行行政处罚。但是，行政处罚在本质上与刑罚并无不同，如 15 天的拘留与 1 个月的拘役，都是剥夺被处罚人的自由，两者时间长短所体现的轻重程度仅仅是量上的差别。更重要的是，行政处罚相对人的法律救济途径，远远不及在刑事诉讼过程中犯罪嫌疑人或刑事被告人的权利保障制度。将危害社会的行为的认定和处罚权交由司法审判机关和行政机关行使，混淆了立法、司法和行政权的界限，而且立法、司法和行政合一是封建专制时代的产物。因此，我国《刑法》中犯罪概念定量因素的存在不是法制的创新而是法制落后的表现。②

第四，我国《刑法》在立法上对犯罪定量因素的规定引发了刑法理论自身的困惑，特别是使注释刑法学处于尴尬的境地。首先，从逻辑上讲，《刑法》总则已经对犯罪的定量因素做了一般性的规定，而分则又在设置罪名时使用了模糊性的量化要件。分则的这些模糊性的量化要件只是对总则定量因素规定的机械重复，不具有实质意义。其次，犯罪概念引入了定量因素，使得以定性分析为根基的犯罪构成理论面临着一些新的问题，出

---

① 白利勇：《论定量因素在我国犯罪构成中的定位——基于我国犯罪构成理论完善的视角》，《湖南公安高等专科学校学报》2010 年第 6 期。

② 李居全：《也论我国刑法中犯罪概念的定量因素》，《法律科学》2001 年第 1 期。

现一些无法解释的现象。例如，《刑法》第 129 条规定的"丢失枪支不报罪"，学界在解释行为人对"造成严重后果"这一内含的定量是否需要有认识，进而对"丢失枪支不报罪"在主观上是故意还是过失时，产生了不同意见。笔者认为，这种理论困惑的"病因"主要在于《刑法》在界定犯罪概念时引入了"定量因素"。倘若舍去犯罪概念中的定量因素把"丢失枪支不报罪"界定为："依法配备公务用枪的人员丢失枪支不及时报告的，处……"把是否"造成严重后果"作为量刑情节予以考虑，立法解决定性问题，司法解决定量问题，学者们亦不会再陷入难以自圆其说的窘境。①最后，在传统犯罪构成理论中，不存在定量因素和正当行为等出罪因素的存在空间，这就使得司法实务中的司法工作人员很难在定罪量刑中恰当地考察定量因素等出罪因素，但为了实现结果公正、考虑社会效益，不得不在定罪量刑时有意无意地将各种定量要素糅合进来，这样必然会违背定罪量刑的正常思维逻辑，造成司法上的混乱，也使判决本身的正当性存疑。②

通过上述分析，应当认为基于社会防卫、刑法的公正、保障人权与刑法理论发展，选择"立法定性、司法定量"模式是我国刑事法治建设应当追求的目标。但是，历史和现实的多重因素决定我们不可能在极短的时间内实现犯罪定量模式的转变。那么，在保留现有犯罪定量模式的情况下，如何克服或缓解该模式所具有的前述理论上的缺陷就成为一个重要的问题。本书以我国犯罪定量因素主要手段之一的情节犯为选题，对上述问题展开探讨。

---

① 储槐植：《再论我国刑法中犯罪概念的定量因素》，《法学研究》2000 年第 2 期。
② 白利勇：《论定量因素在我国犯罪构成中的定位——基于我国犯罪构成理论完善的视角》，《湖南公安高等专科学校学报》2010 年第 6 期。

第二节 情节犯与我国《刑法》犯罪定量模式的关系

一、我国《刑法》中犯罪定量因素的立法方式

我国《刑法》对于犯罪定量采取"立法定性又定量、司法再定量"模式,其对构成犯罪行为的定量因素的确定通过两个方面,即立法上定量和司法上定量的结合来达成,与西方国家通用的在立法上对犯罪定量因素进行"立法定性、司法定量"的做法不同,在立法上定量可谓是我国《刑法》的一大特色。那么,我国《刑法》是通过什么样的具体方式实现对犯罪定量因素的规定的呢?这些规定是否科学合理呢?这些问题无疑值得我们去探究。

正如前文所述,总的来讲,我国《刑法》对于犯罪定量因素的规定采取的是总则和分则相结合的做法。总则对于犯罪定量因素的规定主要体现为《刑法》第13条对于犯罪一般概念的规定:"一切危害国家主权、领土完整和安全,分裂国家、颠覆人民民主专政的政权和推翻社会主义制度,破坏社会秩序和经济秩序,侵犯国有财产或者劳动群众集体所有的财产,侵犯公民私人所有的财产,侵犯公民的人身权利、民主权利和其他权利,以及其他危害社会的行为,依照法律应当受刑罚处罚的,都是犯罪,但是情节显著轻微危害不大的,不认为是犯罪。"根据该条的表述,任何行为在我国要构成犯罪,在性质上必须具有社会危害性,在量上必须不能是"情节显著轻微危害不大",即社会危害性必须达到相当严重的程度。可见,在我国《刑法》中犯罪是定性与定量的结合与统一。当然,这一规定也是比较概括和抽象的,它对《刑法》分则所规定的所有具体罪名均只具

有指导和制约作用。

我国《刑法》分则在设置具体罪名时对个罪定量因素的规定，才是我国《刑法》"立法定量"最直接和具体的体现。但是我国理论界对于我国《刑法》分则在设置具体罪名时对犯罪定量因素的规定究竟有哪些方式存有争议，代表性的观点主要有以下几种：第一种观点认为："从犯罪概念中是否含有定量因素的角度考察，我国《刑法》中的具体犯罪可以粗分为三类：一是没有直接的定量限制，如杀人罪……这类犯罪行为本身的性质已经反映了社会危害的程度。二是直接地规定了数量限制，如前述的盗窃罪、诈骗罪和抢夺罪等。三是在法律条文中写明'情节严重的''情节特别恶劣的'或'造成严重后果的'才应受刑罚制裁的罪。例如，第129条的丢失枪支不报罪、第139条的消防责任事故罪、第216条的假冒专利罪等。"① 第二种观点认为："《刑法》分则中对犯罪定量因素的规定有三种不同的表现形式，一是在对个罪罪状的描述中确定具体的量化条件，如做出数额较大、情节恶劣或者后果严重等规定，这类法条在分则中占三分之二以上，我国《刑法》分则中的多数规定都属于此类。二是没有规定直接的定量因素，但是犯罪构成要件本身已经足以说明行为的社会危害程度，此时不需要再单独规定定量因素。如故意杀人、抢劫、强奸等严重的自然犯罪。三是《刑法》分则未做出量的要求，行为本身也无法反映严重的社会危害性。如非法侵入住宅罪等。"② 第三种观点认为："行为程度之设定方式的各种表现：其一，造成严重后果或危险。……这类行为的特征是，以行为的后果或危险来限制行为的成罪范围……其二，数额的规定。以达到某种数额为成罪标准的在刑法中有50个左右的罪名……其三，情节的规定。以情节严重、情节恶劣为成罪条件的犯罪，《刑法》中也有相当数量的规定，粗略统计有70多个罪名……除以上几种具体的规定方式外，还有近三分之一的犯罪没有成立犯罪的最低限度的特定要求，只是列举行为方式或手段，而无其他的成罪要求。但这类犯罪的认定，依我国刑事司法实

---

① 储槐植：《再论我国刑法中犯罪概念的定量因素》，《法学研究》2000年第2期。
② 董红：《中国刑法中的犯罪定量因素研究》，华东政法大学硕士学位论文，2011年。

务的掌握，也并非没有行为程度的限定。杀人、抢劫、强奸等严重犯罪，是真正的无情节的犯罪，只要行为实施，除特殊情况外，均具有可罚性。除此之外，在无程度规定的犯罪中，有相当部分存在着程度的要求。"①

我国《刑法》总则所规定的犯罪的一般概念及关于定量因素的规定，对分则所有的罪名均具有指导和制约作用。所以，分则所有罪名在立法上都是定性与定量的统一，没有一个罪名能够例外。但是，有些罪名从犯罪的性质上说就已经到了相当严重的程度，危害国家安全罪、严重的危害公共安全罪及一些性质严重的自然犯罪，如故意杀人罪、强奸罪、抢劫罪等，这些罪名仅从性质来讲在通常情况下就已达到追究刑事责任的程度。所以，《刑法》分则并未明确定量的因素。在实践上，也并非实施这一类行为均构成犯罪，裁定时对行为的社会危害程度也必须有量的考虑。已经有案例对此进行了有力的佐证。②所以，第一种观点中关于犯罪定量因素设置的第一种分类与第二种观点中对犯罪定量因素所做的第二种划分，都因为没有准确理解总则与分则的关系，导致界定错误。对于我国《刑法》分则具体罪名对定量因素做了规定的，无论是数额、后果、目的等明确的定量因素，还是使用"情节严重""情节恶劣"等模糊词汇进行表达的，都算是《刑法》对于定量因素的直接规定。第一种观点中对定量设置的第二、第三种分类，实质上是一个类型，不具有区分的意义。更重要的是，我国《刑法》分则还存在为数不少的罪名，它们在性质上并不是非常严重，但是刑法对它们却没有设置定量因素，如非法侵入住宅罪。显然，并非只要实施非法侵入住宅的行为都一律构成犯罪，定罪时必须进行量的考量。正如有的论者指出："这一问题可以归结为立法的失误，最直接的办法当然是通过立法修改补足相关的定量因素，但是在立法尚未修改之前，可以通过对刑法明文规定的犯罪构成要件内容进行实质化解释的途径，补

---

① 李洁：《罪刑法定之明确性要求的立法实现——围绕行为程度之立法规定方式问题》，《法学评论（双月刊）》2002年第6期。
② 1987年陕西省高级人民法院审理的蒲连升、王明成对母亲实施安乐死一案，经审理，认为被告人因社会危害性显著轻微，危害不大，判处其无罪。

充其不足性与不明确性,将《刑法》规定的犯罪限制在具有严重社会危害性、值得刑罚处罚的行为之内。"①

综上,第三种观点对于《刑法》分则犯罪定量因素的立法方式的概括比较合理,但是表达比较烦琐。我们不妨把《刑法》分则对于犯罪定量因素的设置方法划分为如下三类:第一,对于某些性质严重的行为,仅仅规定了行为的类型,并未设置定量因素,一旦实施这种行为,原则上就可以构成犯罪。第二,在对犯罪行为进行定性的同时,对犯罪的定量因素也作出了规定。第三,对某些性质相对较轻的行为,也是仅仅规定了行为的类型,并未设置定量因素,但是这属于立法的遗漏,在认定时必须充分考虑定量因素。

二、情节犯在我国犯罪定量模式下的理论定位

根据罪刑法定原则和我国刑法理论对犯罪构成的理解,一个行为之所以被认定为犯罪,从形式上看,就在于该行为符合我国《刑法》规定的犯罪构成。所谓犯罪构成,是指我国《刑法》所规定的,决定某一具体行为的社会危害性及其程度而为该行为构成犯罪所必须具备的一切客观要件和主观要件的有机统一整体。② 犯罪构成作为对犯罪成立所必须具备的各种主客观条件的概括,也应该是定性因素与定量因素的统一。正如前文所述,如果某一类犯罪行为仅仅从其性质上来看,就能表明行为的社会危害性程度较大,那么《刑法》分则在设置犯罪构成时,往往没有规定或强调定量因素。例如,行为人实施的行为在性质上是危害国家安全的行为,因为国家安全在我国体现的是国家和人民的根本利益,是《刑法》所要保护的首要利益,所以,行为人只要实施该类行为,原则上就可以构成犯罪。

《刑法》分则在设置具体罪名时,如果通过对行为性质的描述,尚不足以使该行为在整体上达到值得科处刑罚的程度,往往会通过增加或者强

---

① 张明楷:《刑法的基本立场》,中国法制出版社2002年版,第126页。
② 马克昌:《刑法》,高等教育出版社2007年版,第38页。

调行为的某一方面要素的方式，使行为的社会危害程度在整体上达到值得刑罚的程度。例如，一般干涉婚姻自由的行为具有法益侵害性，但还没有达到值得科处刑罚的程度，于是《刑法》规定，以暴力干涉婚姻自由的，才以犯罪论处。这是通过增加行为手段的要素，使行为的违法性达到值得科处刑罚的程度。再如，并不是任何盗窃、诈骗行为在中国都以犯罪论处，于是《刑法》对盗窃罪增加了"数额较大""多次盗窃""入户盗窃"等要素，对诈骗罪增加了"数额较大"的要素，从而使符合盗窃罪、诈骗罪构成要件的行为的社会危害性达到值得科处刑罚的程度。[①] 除了上述行为的手段、行为的次数、犯罪数额等因素以外，《刑法》还会通过对行为人的身份、目的，行为的结果、后果、时间、地点等要素的设置，使行为的社会危害性程度达到值得科处刑罚的程度。笔者认为，在行为类型之外的所有使行为的社会危害性程度得以提升，以达到值得科处刑罚程度的因素，都属于犯罪的定量因素。它们分别属于行为主体方面的定量因素、行为手段的定量因素、行为结果方面的定量因素和主观方面的定量因素。但是，现实生活中有许多侵害法益的行为，虽然在一般情况下其违法性没有达到值得科处刑罚的程度，但却难以通过增加某个特定的要素使违法性达到值得科处刑罚的程度，或者难以预见哪些要素能使行为的违法性程度达到值得科处刑罚的程度，又或者虽能预见却不能做简短的表述。于是，《刑法》做了一个整体性的规定，情节严重、情节恶劣的就以犯罪论处。[②]

我国学界通常将《刑法》分则规定的这些以"情节严重"或"情节恶劣"为犯罪成立的定量因素的犯罪，在理论上称之为情节犯。情节犯的情节是刑事立法中犯罪成立的定量因素之一，但它与其他的犯罪成立的定量因素如犯罪结果、数额、目的、行为手段等相比，虽然都属于《刑法》明文规定的犯罪成立的定量因素，却存在着明显的不同。"情节"一词作为犯罪定量因素，具有极强的概括性，它可能是上述其他犯罪成立定量因素的一种或几种的叠加，也可能超出上述定量因素的范围，由其他因素构

[①][②] 张明楷：《刑法学（第四版）》，法律出版社2011年版，第127页。

成。所以，情节与其他定量要素之间并不仅仅是简单的并列关系。情节的概括性也成就了其包容性，使情节作为犯罪的定量要素比其他定量要素具有更强的适用性，导致情节犯的立法大量出现。正如有的论者所言："正是基于以上被动与主动两方面的原因，情节作为犯罪定量因素在饱受诟病的情况下仍然颇受立法者的青睐。"① 通过上述分析，我们不难发现情节犯具有浓郁的中国特色，是我国《刑法》对犯罪立法定量的直接产物。情节犯的理论归属与定位是与我国《刑法》对犯罪的定量模式紧密相连的，只有把情节犯放在我国《刑法》对犯罪立法定量的语境下进行研究，才能从本源上厘清关于情节犯的诸多争论。由于理论定位不准，现有的对情节犯的理论研究有不少仅仅是就事论事，对情节犯的研究局限于情节犯自身，只见树木不见森林，徒增争议。还有一些关于情节犯的研究是从其他的角度进行的，对情节犯的研究脱离了犯罪的定量模式，难免让人有隔靴搔痒之感，研究的结论也不能一针见血。本书对情节犯所做的探讨，是以情节作为犯罪定量因素之一并具有自己的特点这一理论定位为出发点进行的。

第三节 情节犯的概念

一、犯罪情节概述

（一）犯罪情节的概念

要在理论上确定情节犯的概念，首先必须准确地界定犯罪情节的内涵和外延，合理地界定犯罪情节是对情节犯进行研究的前提和基础。"情"

---

① 董红：《中国刑法中的犯罪定量因素研究》，华东政法大学硕士学位论文，2011年。

是指事物存在的空间位置,"节"是指事物的时间发展环节。"情节"一词在汉语中以多重含义被使用,但在现代汉语中,"情节"通常被理解为"事情的变化和经过"①,指的是事物的存在、变化和发展等方面的情状和环节。犯罪行为从本质上讲是反社会的行为或者说是具有社会危害性的行为,这一实体内容在形式上是通过犯罪实施过程中各种各样的情节来体现的。或者可以说,犯罪情节就是犯罪本身,我们只是从犯罪的情节中发现了犯罪的本质。由此可见,犯罪情节对于犯罪来说是一个重要的概念,我们要从刑法上对犯罪行为进行研究必须从犯罪的情节入手。

据有的学者统计,我国1979年《刑法》中对"情节"的规定有68处,而在1997年修订后的《刑法》中则有293处之多。②"情节"一词在我国刑法典中是仅次于"犯罪"的使用频率最高的词汇。另外,在我国所颁布的各种附属刑法、刑法修正案及相关司法解释中,"情节"一词的使用更是数不胜数。可以看出,"情节"一词在我国的刑事法律中占有重要的地位。对于我国刑事立法中以"情节"所表述的事实,理论研究一般称之为犯罪情节。在理论上如何科学地界定犯罪情节并非没有争议。以研究的时间为序,我国理论界对犯罪情节概念的界定主要有以下几种:第一种观点认为,所谓情节,是指案件的具体情况,犯罪者的动机、手段、过程、结果等。③ 第二种观点认为,情节是能够决定行为社会危害程度的一切主客观方面的因素。④ 第三种观点认为,犯罪情节是指犯罪构成共同要件以外的,与犯罪人或者其侵害行为密切相关的,影响行为社会危害性和行为人人身危险性程度,并进而影响定罪与量刑的各种具体事实情况。⑤第四种观点认为,《刑法》中的情节,是指《刑法》规定或认可的表明行为是否具有社会危害性和行为人是否具有人身危险性,以及社会危害和人

---

① 中国社会科学院语言研究所词典编辑室:《现代汉语词典》,商务印书馆1999年版,第331页。
② 李翔:《情节犯研究》,上海交通大学出版社2006年版,第2页。
③ 冯世名:《关于量刑问题》,《政法研究》1957年第4期。
④ 傅家绪:《试论我国刑法中有关情节的问题》,《法学评论》1985年第2期。
⑤ 王晨:《定罪情节探析》,《中国法学》1992年第2期。

身危险程度轻重的主客观事实情形。① 第五种观点认为，刑法意义上的情节，是指依据刑事法律和刑事政策，被认为体现行为社会危害性和行为人人身危险性，影响定罪量刑的各种主客观事实情况。② 第六种观点认为，《刑法》中的情节，是指用以评价行为人或其侵害行为，体现行为的社会危害性和行为人的人身危险性，并影响定罪、量刑和行刑的事实情况。③

上述第一种观点是理论上产生时间较早的一种观点，仅仅指出了犯罪情节的一些主客观方面的内容，并且把过程当作犯罪情节并不准确，也没有给犯罪情节一个明确的界定，现在仅具有沿革上的意义。第二种观点把犯罪情节的外延界定得过于宽泛，按照这种观点，犯罪过程中存在的所有因素都可以成为情节，这样犯罪情节就丧失了特定性，同时该观点用语也极不准确，容易形成误导。第三种观点把犯罪构成要件和符合犯罪构成要件的事实相混淆，把理论上抽象的构成要件错误地理解成具体的犯罪事实。同时，该观点也把情节排除在犯罪构成要件事实之外，这与我国的刑事立法以及刑法理论是不相符合的。因为无论是在立法中还是在理论上，犯罪构成要件的事实都属于犯罪情节的一部分，即所谓的定罪情节。根据我国《刑法》的规定，情节有时是犯罪构成事实的一部分。第四种观点在外延上虽然肯定了《刑法》规定或认可的犯罪情节，但是忽略了刑事政策中隐含的犯罪情节。一般认为，情节大多体现在刑事法律中，而且绝大多数都是规定在《刑法》总则或者分则里。但是，笔者认为情节并不仅仅规定在刑事法律中，有的犯罪没规定情节，但在认定该罪或量刑时，可以从当时国家刑事司法政策的立场出发，去考虑隐含在刑法条文中的情节。④ 第五种观点对于犯罪情节的界定已经基本合理，只是忽略了现行的《刑法》关于刑罚执行的情节。虽然说《刑法》所要解决的基本问题是定罪和量刑，但是随着近代刑法学的发展，刑罚的执行问题越来越受到重视。

---

① 高铭暄：《刑法学原理（第三卷）》，中国人民大学出版社1994年版，第2页。
② 朱宗雄：《论情节对定罪的意义》，《法学评论》1994年第5期。
③ 王梓臣：《刑法中的情节问题研究》，西南政法大学硕士学位论文，2004年。
④ 李翔：《情节犯研究》，上海交通大学出版社2006年版，第2页。

《刑法》中所规定的刑罚执行制度，如减刑和假释等制度，实际上考量的是犯罪行为实施过程中或者是刑罚的执行过程中，能够反映行为的社会危害性和行为人的人身危险性的一些事实情况。这些有关犯罪的事实情况自然应当和定罪情节、量刑情节一样，属于犯罪情节的范畴。第六种观点克服了前述几种观点的缺陷和弊端，既强调了《刑法》规定和认可的情节，也强调了刑事政策中所隐含的情节；既肯定了定罪情节和量刑情节，也肯定了行刑情节，对犯罪情节的界定比较全面、合理，是比较可取的。

综合以上观点笔者认为，在我国，犯罪情节应当是指我国《刑法》规定、认可或基于刑事政策的考量，能够对犯罪行为的认定、刑罚裁量和刑罚执行产生影响，反映行为的社会危害性或行为人的人身危险性及其程度的各种主客观事实情况。

(二) 犯罪情节的分类

我国刑法理论通常采用不同的标准，对犯罪情节进行分类。科学合理的分类有助于准确揭示不同犯罪情节的内涵与外延，区分它们之间的共性与个性，便于人们更加深刻地掌握不同的犯罪情节在理论上的功能和效用。理论上对犯罪情节的分类主要有以下几种：

第一，以犯罪情节在适用过程中所发挥的功能为标准，可以把犯罪情节划分为定罪情节、量刑情节和行刑情节。所谓定罪情节，即能够体现或影响行为的社会危害性和行为人的人身危险性及其程度，据以认定该行为构成犯罪的各种主客观事实。显然，这是从犯罪成立的角度对情节进行的区分，排除了在行为已经构成犯罪的基础上，影响行为人刑事责任程度大小的情节。那种认为"定罪情节具体包括犯罪成立情节、犯罪加重情节、犯罪减轻情节"[1]的观点起码犯了逻辑上的错误。定罪情节除了包括成立任何犯罪都必须具备的行为客体、实行行为、行为主体、故意或过失等方面的犯罪情节外，还包括根据《刑法》分则的具体规定确定的情节。所谓

---

[1] 李翔：《情节犯研究》，上海交通大学出版社2006年版，第15页。

量刑情节，指的是在某种行为已经构成犯罪的情况下，人民法院对犯罪分子量刑时应当考虑的，据以决定处罚轻重或者免除处罚的各种主客观事实情况。[①] 所谓行刑情节，是指在具有法律效力的刑事判决执行期间，犯罪分子所具有的能够使司法机关据以决定宣告刑罚是否实际执行、是否减轻原判刑罚以及赦免部分或全部刑罚的各种主客观事实情况。根据我国《刑法》的规定，行刑情节主要有能够产生减刑、假释、赦免等法律效果的主客观事实。

第二，以犯罪情节是否为法律所明文规定为标准，可以把犯罪情节划分为法定情节与酌定情节。所谓法定情节，是指我国《刑法》已经明文规定的能够作为定罪、量刑或行刑依据的情节。法定情节是最重要、最主要的犯罪情节。在某种意义上可以说，我国《刑法》总则和分则的绝大多数条款都是关于法定情节的规定，它们是认定犯罪、裁量刑罚和执行刑罚时必须考虑的情节。所谓酌定情节，一般认为是指法定情节以外的，由司法机关根据实际情况、实践经验具体掌握、酌情适用的能够反映行为的社会危害性及行为人的人身危险性的各种客观事实情况。由于刑事案件的复杂性，并非所有的犯罪情节我们都能事前确定并以立法的形式表述出来。那么，法定情节之外的能够反映行为的社会危害性及行为人的人身危险性的各种客观事实情况，即酌定情节，其存在形式并非法律明确规定，而是由司法人员在审判实践中酌情予以认定。

第三，以犯罪情节在性质上属于主观方面还是客观方面为标准，可以把犯罪情节划分为主观情节和客观情节。所谓主观情节，是指存在于行为人实施犯罪行为之前、犯罪实行过程之中及犯罪实行之后的，能够体现行为人主观恶性和人身危险性的各种主观方面的事实情况。其主要包括：犯罪动机、犯罪目的、罪过形式、犯罪后的态度，以及行为人的身份、一贯表现、是否有前科等。所谓客观情节，主要是指行为人所实施的犯罪行为及与之相关联的、能够反映行为的危害社会性及其程度的客观方面的事实

[①] 马克昌：《刑法》，高等教育出版社2007年版，第247页。

情况。行为的实施方式，作案的工具，行为的时间、地点，行为产生的结果或影响，犯罪对象等因素，均属于客观情节。

第四，以犯罪情节出现的时间顺序为标准，可以把犯罪情节划分为罪前情节、罪中情节和罪后情节。所谓罪前情节，是指存在于行为人实施犯罪行为之前的能够对定罪量刑产生影响的各种主客观事实情况，如累犯、前科、犯罪动机、行为人的一贯表现等。所谓罪中情节，是指在时间上存在于犯罪行为的实施过程中，体现行为社会危害性和行为人人身危险性及其程度的各种主客观事实，如行为时间、地点，行为的手段，犯罪对象，行为造成的结果，行为的目的，罪过形式等。所谓罪后情节，在传统意义上是指行为人在犯罪行为实施之后到审判结束之前，对自己的犯罪行为所持的心理态度及行为表现，如积极自首主动交代罪行、逃匿、销毁、伪造罪证、订立攻守同盟等。广义的罪后情节，除了狭义的罪后情节之外，还包括从判决发生效力刑罚开始执行到执行结束前这段时间内，行为人对自己的罪行所持的心理态度及行为表现。例如，是否交代余罪、是否有立功表现等，也能反映出行为人人身危险性的程度。

第五，以犯罪情节适用的法律后果是否有利于被告人为标准，可以把犯罪情节划分为有利于被告人的情节和不利于被告人的情节。所谓有利于被告人的情节，是指适用时能够证明行为人的行为不构成犯罪、刑事责任较轻，或者应当减刑、假释等有利于被告人法律后果的犯罪情节。例如，行为人未达刑事责任年龄，存在正当化事由，是从犯，有自首、立功行为等。所谓不利于被告人的情节，是指在适用时能够证明或产生行为人的行为构成犯罪、刑事责任较重，或者不应当减刑、假释等不利于被告人法律后果的犯罪情节。例如，能够证明犯罪成立的事实，造成严重后果，行为人是主犯、累犯，犯罪后逃避侦查、毁灭证据等。

二、情节犯的定义

由于我国《刑法》对犯罪定量因素采取"立法定性又定量"模式，那么分则在对具体罪名进行设置时，除了要表明犯罪的定性因素以外，还要对其定量因素进行表述，这就决定了我国的刑事立法，不可能像仅仅采取"立法定性"的多数西方国家那样清楚明确。具体表现为，我国《刑法》分则在对具体罪名进行设置时，很多情况下会在定性的基础上，采用诸如"造成严重后果""数额较大""情节严重""情节恶劣"等概括性词语来表述犯罪成立的定量因素。刑法理论上通常将这些采用概括性语言来表述犯罪成立定量要件的犯罪称为情节犯。情节犯在我国刑法中是大量存在的，但是在理论上究竟应该对情节犯做何种界定却莫衷一是。

从现有的研究成果来看，我国理论界对于情节犯的界定主要可以划分为三个层次：首先是广义上对情节犯的界定。具有代表性的观点有："从我国《刑法》中的犯罪概念含有定量因素这个角度说，《刑法》分则中所有的犯罪都是情节犯，这可称作广义的情节犯。"[①] "也就是说，某种行为只有在排除符合《刑法》第13条但书规定的可能性时，才能认定为犯罪。有的学者正是将此作为根据之一，认为情节也是犯罪构成的共同要件。"[②] 其次是中间意义上对情节犯的界定。具有代表性的观点有："情节犯是指凡是在条文的尾端设有一个概括性规定作为犯罪成立条件的具体犯罪，比如'情节严重''数额较大''造成严重后果'等，都可称之为情节犯。"[③] "所谓情节犯，是指以一定的概括性定罪情节为犯罪构成要件的犯罪。情节犯之情节只关系到行为的有罪性，它是区分罪与非罪的情节，与量刑无关，即不包括情节加重犯和情节减轻犯。"[④] 最后是狭义上对情节犯的界定。代表性的观点有："情节犯是指以一定的严重或恶劣的情节为犯罪构成必备要件的犯罪。"[⑤] "所谓情节犯，是指我国《刑法》分则中明确规定以'情节严重（情节恶劣）'为犯罪成立的情节要求或者以此为认定该罪

---

① 刘守芬、方文军：《情节犯及相关问题研究》，《法学杂志》2003年第5期。
② 钱毅：《试论情节也是犯罪构成的共同要件》，《中南政法学院学报》1986年第4期。
③ 刘艳红：《开放的犯罪构成要件理论研究》，中国政法大学出版社2002年版，第79页。
④ 刘艳红：《情节犯新论》，《现代法学》2002年第5期。
⑤ 陈兴良：《本体刑法学》，商务印书馆2001年版，第395页。

既遂形态的犯罪类型。"①

笔者认为,上述各种观点在给情节犯下定义时之所以作出如此区分,根本原因就在于对《刑法》第13条关于犯罪概念规定的理解和定位不同。通过前文关于中外刑法犯罪定量模式的比较与分析,应当认为第13条所规定的犯罪概念,是我国《刑法》对犯罪采取"立法定性又定量、司法再定量"模式在《刑法》总则中的体现。该条的前段是对所有构成犯罪的行为在性质上的规定,即要求犯罪行为在成立时首先要具有社会危害性。该条的后段采用但书的形式,要求具备社会危害性的行为在量上必须达到一定的程度才能构成犯罪。但书的内容为"但是情节显著轻微危害不大的,不认为是犯罪",立法的本意是从相反的角度排除"危害不大"的行为构成犯罪,强调的是犯罪的成立需要具备一定的"量",而非"情节"本身。如果我们据此就望文生义地把《刑法》分则规定的所有犯罪都理解成情节犯,至少是对立法原意的一种误读。上述广义的情节犯采取的就是这种立场,认为所有的罪名都是情节犯实质上是把情节犯的概念等同于犯罪的一般概念,自己把自己消解掉了。那么,这样界定情节犯在理论上还有什么意义?所以,广义的情节犯概念并不足取。《刑法》分则中所有的罪名在实质上都含有定量因素,只是《刑法》分则在表述时对一部分性质严重的行为并未直接设置定量因素;对一部分犯罪行为在定性的同时,通过诸如情节、数额、后果、身份、目的等定量因素进行限定;对另外一部分性质较轻的犯罪,由于立法的疏漏也没有规定定量因素。上述中间意义上的情节犯,仅仅拣取"情节""数额"和"后果"这三个定量因素就把它们称为情节犯,显然也没有准确理解《刑法》第13条的完整含义和理论定位,逻辑上显得以偏概全。同时,中间意义上的情节犯概念也忽视了"情节"与"数额""后果"等其他定量因素的区别,是"眉毛胡子一把抓"的做法。上述狭义的情节犯,虽然注意到了情节与其他定量因素的区别,并以"情节严重""情节恶劣"作为区分情节犯的标志,但却忽视了我国《刑

---

① 李翔:《情节犯研究》,上海交通大学出版社2006年版,第21页。

法》分则因性质严重而没有设置定量因素和性质虽然较轻但因为立法疏漏也没有设置定量因素的这两类犯罪。这两类犯罪既然都存在定量因素,而《刑法》又没有设置,在认定时考虑的也只能是反映行为的社会危害性程度的各种情节,所以,这两类犯罪在实质上也属于情节犯的范畴。可见,狭义的情节犯并没有指明其与其他两类实质意义上的情节犯的关系,在逻辑上并不周延。

基于以上分析,笔者认为实质意义上的情节犯不仅包括前述狭义上的情节犯,还包括《刑法》因性质严重而没有设置定量因素和性质虽然较轻但因立法疏漏也没有设置定量因素的这两类犯罪。但是本书对情节犯的研究,采用的情节犯的概念是前述狭义说。理由如下:对于性质严重而没有设置定量因素的那一部分罪名,在通常情况下只要行为人实施危害行为原则上就可以构成犯罪,只有在极其例外的情况下才能排除行为的犯罪性。这种极其例外的情况多数是因为行为人具有排除犯罪的事由或者行为没有实行行为性,比较易于排除,对此可以从其他角度予以研究。所以,本书不将其纳入研究的范围。另外,对于性质虽然较轻但因立法疏漏也没有设置定量因素的罪名,因为它们的定量因素没有被刑法以"情节严重"或"情节恶劣"的形式进行表述,为了避免形式上的混乱,本书也不将它们纳入情节犯的概念之内。当然,狭义情节犯的研究对于这类犯罪的解释、适用与完善也具有直接的指导和借鉴意义。综上,本书所要研究的情节犯,指的是在刑事立法时把行为构成犯罪的定量因素,表述为"情节严重"或"情节恶劣"而形成的一种犯罪形态,即《刑法》明文规定以"情节严重"或"情节恶劣"为犯罪成立必备条件的犯罪。

三、情节犯的特征

根据我国《刑法》对情节犯的立法设置和情节犯在司法实践中的表现,笔者认为情节犯具有如下特征:

第一,情节犯的法定性。情节犯的法定性指的是情节犯的法律特征,我国《刑法》分则明文规定以"情节严重"或"情节恶劣"为构成情节犯的必要条件,否则,就不能构成情节犯。这说明情节犯的存在依附于刑事法律的规定,"情节严重"或"情节恶劣"成为情节犯辨识的标记。例如,《刑法》第 322 条规定:"违反国(边)境管理法规,偷越国(边)境,情节严重的,处一年以下有期徒刑、拘役或者管制,并处罚金。"该条是关于偷越国(边)境罪的规定,"情节严重"在本罪中发挥的是定量情节的功能,是我国刑事立法定量的具体体现,在认定犯罪时它将构成犯罪的行为与一般的偷越国(边)境的行为区分开来。所以,本罪是情节犯。

第二,情节犯在表述上的概括性或模糊性。对于情节犯来讲,犯罪定量因素的存在可谓多种多样,不仅包括主观方面的犯罪目的、犯罪动机、认罪态度,也包括客观方面的行为方式、犯罪时间、犯罪地点、造成的结果等,但是《刑法》基于立法技术的考虑,并没有也无法将它们一一列举出来,只能使用"情节严重"或"情节恶劣"进行概括。这样的表述虽然能够涵盖司法实践中各种各样的情节犯的情形,给司法权的灵活行使留下较大的余地,但是,这样的立法表述同时也使情节犯变得十分抽象,可能使普通公民在刑罚的规定面前无所适从。

第三,情节犯存在的广泛性。情节犯在我国的刑事立法中是广泛存在的,据有的学者不完全统计,我国《刑法》规定的情节犯有 93 个罪名。不仅在刑事立法中,在立法解释和司法解释中,情节犯也是大量存在的。有些情况下,《刑法》本来规定的条文并不属于情节犯,但是司法解释却将该种行为规定为情节犯。[①] 另外,笔者认为情节犯存在的广泛性,还体现在《刑法》分则中除了第一章危害国家安全罪外,其他章几乎也都有情节犯的存在。

第四,情节犯大多属于危害性质较轻的犯罪。从我国《刑法》的规定来看,情节犯所侵犯的犯罪客体在《刑法》所保护的社会关系或法益中并

[①] 李翔:《情节犯研究》,上海交通大学出版社 2006 年版,第 21 页。

不是最重要的部分，即使是针对同一性质的犯罪客体，在《刑法》所设置的多个罪名中，情节犯也不是最严重的。在《刑法》分则中，绝大多数情节犯的法定最高刑为三年以下有期徒刑，只有个别情节犯的法定最高刑为三年以上有期徒刑。虽然我国《刑法》并没有对犯罪做出轻罪和重罪的划分，但是从《刑法》分则中法定刑幅度的设置来看，对于基本犯罪而言，"三年以下有期徒刑"已经是最低的量刑幅度。所以，笔者认为情节犯具有危害性质较轻的特点。

第二章

情节犯的立法设置及完善

中华人民共和国成立以来，我国的法治建设可以说是经历了摸索创建、挫折停滞、恢复发展等不同的历史阶段。作为法治建设的重要组成部分，我国的刑事立法可以说是中国法治进程的一个缩影。在经过了长达30年的可谓是一波三折的艰难酝酿之后，1979年7月中华人民共和国第一部刑法典终于宣告诞生。但是随着改革开放的深入，我国社会各领域发生了广泛而又深刻的变化，为了适应和满足新的社会形势下调控社会关系的需要，我国的最高立法机关先后颁布了二十多个单行刑法、附属刑法，对刑法典进行解释、补充与修改。应该说，这些刑事法规范和刑法典对于惩罚犯罪、保护社会发挥了积极的作用。但是，它们自身存在的诸多缺陷和问题也逐渐暴露出来。为了满足新的社会环境下惩罚犯罪、保护社会的需要，对刑法典进行系统的修订变得愈加必要和迫切。1997年3月14日第八届全国人民代表大会第五次会议完成了这一历史任务，在保持1979年刑法典基本结构不变的情况下，对其在立法技术和立法内容上进行了大规模、深层次的修订。1997年修订后的《刑法》，无论在具体内容、基本理念，还是在立法技术和表现形式上都有实质性的提升。在这之后，随着社会的发展变化，我国的立法机关又先后颁布了八个《刑法》修正案，根据社会的需要对修订后的《刑法》进行了进一步的修改、补充和完善。

从对犯罪定量因素的设置方式上看，我国1979年刑法典采取的就是前述"立法定性又定量"的模式，1997年修订《刑法》时仍然秉持了这一立场。可以说，情节犯的诞生和发展是与刑法典的创制和修订紧密联系在一起的。本节拟把情节犯从刑法典中剥离出来，以其时间顺序为脉络，对情节犯在不同时期和背景下刑事立法中的立法形式、作用和存在的问题进行梳理，以期能够对情节犯的立法完善提出建议。

第一节 情节犯的立法设置与演变

一、1979年《刑法》中的情节犯

（一）1979年《刑法》对情节犯的设定方式

在1979年我国第一部刑法典中，总则第10条对犯罪一般概念做了规定，对于犯罪定量因素采取的就是在立法上定性又定量的模式。根据分则对情节犯之情节的不同设定方式，又可将情节犯划分为如下几类：

第一类是在立法表述上以"情节严重"为定量要素的情节犯，其立法模式是"行为+情节严重"。例如，1979年《刑法》第116条规定："违反海关法规，进行走私，情节严重的，除按照海关法规没收走私物品并且可以罚款外，处三年以下有期徒刑或者拘役，可以并处没收财产。"该条是对走私罪的规定，依据该条的规定，要构成走私罪，除了实施违反海关法规的走私行为外，还要求情节严重，即量上必须达到相当严重的程度。又如，1979年《刑法》第156条："故意毁坏公私财物，情节严重的，处三年以下有期徒刑、拘役或者罚金。"该条是对故意毁坏财物罪的规定，依据该条的规定，并非所有的毁坏他人财物的行为都可以构成故意毁坏财物罪，只有那些情节严重的故意毁坏公私财物的行为才能构成本罪。1979年《刑法》使用"情节严重"进行表述的情节犯还有以下立法例：第117条、

第120条、第121条、第128条、第129条、第130条、第145条、第147条、第149条、第156条、第159条、第160条、第176条、第186条、第189条。

第二类情节犯指的是在立法上以"情节恶劣"为定量要素的立法例，其基本立法模式是"行为+情节恶劣"。在1979年刑法典中这种类型的情节犯只有三个：第160条规定的流氓罪、第182条规定的虐待罪和第183条规定的遗弃罪。这三个罪名都属于刑法分则第六章扰乱社会秩序罪和第七章妨害婚姻、家庭罪的罪名。从行为的社会属性上看，这三种犯罪均属于自然犯罪，特别是虐待家庭成员的行为，以及对于年老、年幼、患病或者其他没有独立生活能力的人，负有扶养义务而拒绝扶养的遗弃行为，都以违反伦理道德为基本特征。《刑法》虽然也在量上对其成立范围进行限制，但是使用"情节恶劣"一词，这样的立法明显具有对行为人进行谴责的意味。

第三类是将一定危害后果和"情节严重"共同作为定量要素的情节犯，其立法模式是"行为+危害后果+情节严重"。在这一类情节犯中，《刑法》对实行行为之后或之前的规定，强调了犯罪行为必须造成一定的危害后果，对其他的定量因素，则以"情节严重"指称。这样的立法例在1979年《刑法》中只有两个罪名：第126条规定的挪用国家救灾、抢险、防汛、优抚、救济款物罪和第158条规定的扰乱社会秩序罪。这两个罪名，均要求行为人所实施的行为给国家或人民的利益造成了重大损失，或者公共秩序遭到严重破坏，同时具备"情节严重"的条件，犯罪才能成立。可见，在这种类型的情节犯中，"情节严重"与行为在客观上造成的严重结果一起作为犯罪的定量因素，来限制犯罪的成立范围。显然，这里"情节严重"之情节是在排除了行为所造成严重结果之后的其他主客观方面的事实。

（二）对1979年《刑法》中情节犯的评析

1979年《刑法》中情节犯具有以下特点：第一，从数量上看，1979

年《刑法》分则共 103 条规定了 129 个罪名，情节犯有 21 个，约占全部罪名的 1/6。第二，从罪过形式上看，1979 年《刑法》中所有的情节犯都是故意犯罪，这一点是没有争议的。第三，从犯罪的类别上看，近半数分布在第三章破坏社会主义经济秩序罪当中，其余分布在第四章侵犯公民人身权利、民主权利罪，第五章侵犯财产罪及第六章妨害社会管理秩序罪等章节中。第四，从内容上看，《刑法》分则对情节犯罪状的设置先定性再定量，因为情节犯定量时使用的是"情节严重"或"情节恶劣"这样的模糊性词汇，那么在理论上就必然要求《刑法》对定性因素内容的设置清楚明确。但遗憾的是，1979 年《刑法》在对情节犯的实行行为进行设置的时候与设置其他罪名的实行行为一样，在立法时都采用了概括、抽象的语言，使实行行为的界定相当困难，进而导致了对情节犯的界定也模糊不清、漫无边际。

　　上述情节犯的特点是当时立法指导思想的体现。在当时的特定历史条件之下，受立法经验相对不够丰富、国家管理的需要、法律传统及社会关系变化迅速等因素①的影响和制约，我国 1979 年刑法典在立法技术上采取的是"宜粗不宜细"即"宁疏勿密"的指导思想和原则②。虽然在惩罚犯罪、保卫社会的过程中有"适应性大、便于司法机关打击犯罪"③ 之优势，但是其弊端也非常明显。《刑法》分则对于情节犯实行行为规定得大多过于简单，缺实质性内容，势必造成有些《刑法》条文形同虚设。例如，1979 年《刑法》第 160 条规定："聚众斗殴、寻衅滋事、侮辱妇女或者进行其他流氓活动，破坏公共秩序，情节恶劣的，处七年以下有期徒刑、拘役或者管制。流氓集团的首要分子，处七年以上有期徒刑。"该条就是对曾经饱受诟病的流氓罪的规定，至于什么是"流氓活动"，根本没有一个明确的内涵，该罪名成为一个名副其实的"口袋罪"。正如有的论者所言，

---

① 刘守芬：《反思"宜粗不宜细"原则，完善刑事立法》，载杨敦先主编：《刑法发展与司法完善》，中国人民公安大学出版社 1989 年版，第 107 页。

② 赵秉志、王燕玲：《改革开放 30 年刑法立法基本问题研究述评（下）》，《各科专论》2009 年第 3 期。

③ 叶高峰、史卫忠：《情节犯的反思及其立法完善》，《法学评论》1997 年第 2 期。

这样粗疏的立法在适用时无疑会产生有法难依、法律虚置、自动无效的现象，如此，则使公民的利益得不到切实的保障，从而不符合法制进步和完善的要求。所以，"宜粗不宜细"的指导思想是错误的，值得反思的。①

二、1997年至今刑事立法中的情节犯

（一）1997年至今刑事立法对情节犯的设定方式

1997年3月我国最高权力机关对1979年《刑法》做了系统的修订，把一些单行刑法和附属刑法的内容也吸收到了修订后的刑法典中。在此之后，为了满足调控社会的需要，我国最高立法机关又先后颁布了八个刑法修正案，对1997年修订后《刑法》进行解释、修改和补充，使刑事法律的内容随着社会的变化发展而不断地更新。至于1997年至今刑事立法对情节犯的具体设定方式，结合现有的研究成果，笔者认为主要有以下几种：

第一类是在立法表述上以"情节严重"为定量要素的情节犯，其立法模式是"行为+情节严重"。例如，《刑法》第130条规定："非法携带枪支、弹药、管制刀具或者爆炸性、易燃性、放射性、毒害性、腐蚀性物品，进入公共场所或者公共交通工具，危及公共安全，情节严重的，处三年以下有期徒刑、拘役或者管制。"该条是对非法携带枪支、弹药、管制刀具、危险物品危及公共安全罪的规定，要构成本罪除了实施非法携带枪支、弹药、管制刀具或者爆炸性、易燃性、放射性、毒害性、腐蚀性物品，进入公共场所或者公共交通工具，危及公共安全的行为以外，还要求在危害程度上达到情节严重的程度。1997年修订《刑法》至今，刑事立法中同样使用"情节严重"进行表述的情节犯还有以下立法例：第139条（不报、谎报安全事故罪）、第152条（走私废物罪）、第162条（隐匿、故意销毁会计凭证、会计账簿、财务会计报告罪）、第180条（内幕交易、

---

① 赵秉志、时延安：《略论关于刑法典第93条第2款的立法解释》，《法制日报》2000年5月28日。

泄露内幕信息罪；利用未公开信息交易罪）、第 182 条（操纵证券、期货市场罪）、第 185 条（背信运用受托财产罪）、第 188 条（违规出具金融票证罪）、第 190 条（逃汇罪）、第 205 条（虚开发票罪）、第 213 条（假冒注册商标罪）、第 215 条（非法制造、销售非法制造的注册商标标识罪）、第 216 条（假冒专利罪）、第 222 条（虚假广告罪）、第 223 条（串通投标罪）、第 225 条（非法经营罪）、第 226 条（强迫交易罪）、第 227 条（倒卖车票、船票罪）、第 228 条（非法转让、倒卖土地使用权罪）、第 229 条（提供虚假证明文件罪）、第 230 条（逃避商检罪）、第 243 条（诬告陷害罪）、第 246 条（侮辱罪、诽谤罪）、第 248 条（虐待被监管人罪）、第 249 条（煽动民族仇恨、民族歧视罪）、第 251 条（非法剥夺公民宗教信仰自由罪、侵犯少数民族风俗习惯罪）、第 252 条（侵犯通信自由罪）、第 253 条（出售、非法提供公民个人信息罪；非法获取公民个人信息罪）、第 255 条（打击报复会计、统计人员罪）、第 256 条（破坏选举罪）、第 281 条（非法生产、买卖警用装备罪）、第 285 条（非法获取计算机信息系统数据、非法控制计算机信息系统罪；提供侵入、非法控制计算机信息系统程序、工具罪）、第 290 条（聚众扰乱社会秩序罪）、第 291 条（聚众扰乱公共场所秩序、交通秩序罪）、第 311 条（拒绝提供间谍犯罪证据罪）、第 313 条（拒不执行判决、裁定罪）、第 314 条（非法处置查封、扣押、冻结的财产罪）、第 315 条（破坏监管秩序罪）、第 322 条［偷越国（边）境罪］、第 324 条（故意损毁名胜古迹罪；倒卖文物罪）、第 329 条（擅自出卖、转让国有档案罪）、第 336 条（非法行医罪；非法进行节育手术罪）、第 337 条（妨害动植物防疫、检疫罪）、第 340 条（非法捕捞水产品罪）、第 341 条（非法狩猎罪）、第 343 条（非法采矿罪）、第 345 条（非法收购、运输盗伐、滥伐的林木罪）、第 362 条（包庇罪）、第 363 条（制作、复制、出版、贩卖、传播淫秽物品牟利罪）、第 364 条（传播淫秽物品罪）、第 373 条（煽动军人逃离部队罪；雇用逃离部队军人罪）、第 374 条（接送不合格兵员罪）、第 375 条（非法生产、买卖武装部队制式服装罪；伪造、盗窃、买卖、非法提供、非法使用武装部队专用标志罪）、第 376

条（战时拒绝、逃避征召、军事训练罪；战时拒绝、逃避服役罪）、第379条（战时窝藏逃离部队军人罪）、第380条（战时拒绝、故意延误军事订货罪）、第381条（战时拒绝军事征用罪）、第383条（个人贪污数额不满五千元，情节较重时构成的贪污罪）、第386条（个人受贿数额不满五千元，情节较重时构成的受贿罪）、第387条（单位受贿罪）、第392条（介绍贿赂罪）、第393条（单位行贿罪）、第398条（故意泄露国家秘密罪；过失泄露国家秘密罪）、第399条（民事、行政枉法裁判罪；枉法仲裁罪）、第402条（徇私舞弊不移交刑事案件罪）、第409条（传染病防治失职罪）、第410条（非法批准征用、占用土地罪；非法低价出让国有土地使用权罪）、第411条（放纵走私罪）、第414条（放纵制售伪劣商品犯罪行为罪）、第418条（招收公务员、学生徇私舞弊罪）、第432条（故意泄露军事秘密罪；过失泄露军事秘密罪）、第435条（逃离部队罪）、第436条（武器装备肇事罪）、第441条（遗失武器装备罪）、第442条（擅自出卖、转让军队房地产罪）。

第二类情节犯在立法表述上指的是以"情节恶劣"为定量要素的立法例，其基本立法模式是"行为+情节恶劣"。例如，依据《刑法》第133条的规定，"在道路上驾驶机动车追逐竞驶，情节恶劣的"可以构成追逐竞驶型的危险驾驶罪。也就是说，只有情节恶劣的在道路上驾驶机动车追逐竞驶的行为才可以构成危险驾驶罪。1997年修订《刑法》至今，刑事立法中同样使用"情节严重"进行表述的情节犯还有以下立法例：第260条（虐待罪）、第261条（遗弃罪）、第443条（虐待部属罪）、第444条（遗弃伤病军人罪）、第448条（虐待俘虏罪）。

第三类情节犯是将一定危害后果和"情节严重或情节恶劣"共同作为定量要素的情节犯，其基本立法模式是"行为+危害后果+情节严重或情节恶劣"。例如，《刑法》第250条规定："在出版物中刊载歧视、侮辱少数民族的内容，情节恶劣，造成严重后果的，对直接责任人员，处三年以下有期徒刑、拘役或者管制。"该条是对出版歧视、侮辱少数民族作品罪的规定，构成本罪要求"情节恶劣，造成严重后果"共同作为定量因素。相同类型的立法例还有：第273条（挪用特定款物罪）、第371条（聚众扰乱军事管理区秩序罪）。

第四类是以一定危害后果、违法数额与"情节严重"为可供选择的定量要素的情节犯，其基本立法模式是"行为+危害后果、违法数额或情节严重"。根据具体表述的不同，又可以分为如下几种情况：

其一，定量要素为"数额巨大、后果严重或者有其他严重情节的"。例如，《刑法》第158条规定："申请公司登记使用虚假证明文件或者采取其他欺诈手段虚报注册资本，欺骗公司登记主管部门，取得公司登记，虚报注册资本数额巨大、后果严重或者有其他严重情节的，处三年以下有期徒刑或者拘役，并处或者单处虚报注册资本金额百分之一以上百分之五以下罚金。"本罪是对虚报注册资本罪的规定，其定量因素为"虚报注册资本数额巨大、后果严重或者有其他严重情节"，三者之间是一种选择关系，行为具有其中一种情形就可构成犯罪。相同类型的立法例还有：第159条（虚假出资、抽逃出资罪）、第160条（欺诈发行股票、债券罪）、第179条（擅自发行股票及公司、企业债券罪）。

其二，定量要素为"违法所得数额较大或者有其他严重情节的"。例如，《刑法》第275条规定："故意毁坏公私财物，数额较大或者有其他严重情节的，处三年以下有期徒刑、拘役或者罚金；数额巨大或者有其他特别严重情节的，处三年以上七年以下有期徒刑。"该条是对故意毁坏财物罪的规定，其定量因素为"数额较大或者有其他严重情节"，两者之间也是一种选择关系，具其一就可构成犯罪。相同类型的立法例还有：第217条（侵犯著作权罪）、第268（聚众哄抢罪）、第388条（利用影响力受贿罪）。

其三，定量要素为"给他人造成重大损失或者有其他严重情节"。例如，《刑法》第221条规定："捏造并散布虚伪事实，损害他人的商业信誉、商品声誉，给他人造成重大损失或者有其他严重情节的，处二年以下有期徒刑或者拘役，并处或者单处罚金。"该条是对损害商业信誉、商品声誉罪的规定，其定量因素是"给他人造成重大损失或者有其他严重情节"，两者之间也是一种选择关系，具其一就可构成犯罪。相同类型的立法例还有：第 161 条（违规披露、不披露重要信息罪）、第 175 条（骗取贷款、票据承兑、金融票证罪）。

其四，定量要素为"行为情节或者有其他严重情节"。该类型的立法例只有一个，即《刑法》第 441 条规定的遗失武器装备罪。该条规定："遗失武器装备，不及时报告或者有其他严重情节的，处三年以下有期徒刑或者拘役。"

（二） 1997 年至今刑事立法中情节犯的特点及原因

1997 年至今刑事立法中的情节犯具有以下特点：第一，从数量上看，1997 年至今的刑事立法共规定了 451 个罪名[①]。据本书统计，情节犯有 106 个，约占全部罪名的 1/4。相比于 1979 年《刑法》，情节犯在数量上大幅度提升。第二，从罪过形式上看，笔者认为 1997 年至今的刑事立法中的情节犯都是故意犯罪。但是也有学者认为现行《刑法》中存在四个罪过形式为过失的情节犯，它们分别是第 398 条规定的过失泄露国家秘密罪、第 409 条规定的传染病防治失职罪、第 432 条规定的过失泄露军事秘密罪以及第 441 条规定的遗失武器装备罪。第三，从犯罪的类别上看，近半数的情节犯分布在第三章破坏社会主义经济秩序罪和第六章妨害社会管理秩序罪中，其余的情节犯则主要分布在第四章侵犯公民人身权利、民主权利罪，第五章侵犯财产罪，第九章渎职罪及第十章军人违反职责罪等章节中。第四，从内容设定上看，1997 年至今的刑事立法对绝大多数情节犯实行行为的设置相对比较明确，对于定量因素也采取了更加丰富的设定方式，如前述第四类情节犯的定量方式就设置了四种方式，这在一定程度上使情节犯的认定更加清晰，体现了刑事立法的科学

---

① 根据我国刑法典及八个修正案、全国人大常委会《关于惩治骗购外汇、逃汇和非法买卖外汇犯罪的决定》、最高人民法院《关于执行〈中华人民共和国刑法〉确定罪名的规定》和最高人民检察院《关于适用刑法分则规定的犯罪的罪名的意见》及"两高"联合下发的几个关于罪名的补充规定，目前我国《刑法》共有 451 个罪名。

化、精细化。

我国 1997 年至今对情节犯的刑事立法之所以能够实现良性的进步和发展，主要归功于刑事立法指导思想的转变和立法技术的提高。首先，在学者和立法者的共同努力下，纠正了"宜粗不宜细""宁疏勿密"的错误倾向，走向粗细相宜的立法路径。① 在立法技术层面，《刑法》结构更加科学、布局更加合理，对情节犯进行设置时法条内容逻辑清晰、法条之间界限分明、衔接合理。总之，1997 年对《刑法》的修订是我国刑事法治发展史上具有里程碑意义的事件，它标志我国法治建设迈上了一个新的台阶。情节犯作为 1997 年以来刑事立法的一部分，与其他内容一起为完成惩罚犯罪、保卫社会的任务发挥了积极而重要的作用。

第二节　情节犯的立法价值与缺陷

一、情节犯的立法价值

情节犯的立法价值指的是刑事立法将情节犯作为犯罪的设定方式之一，所具有的功能或积极作用。在我国《刑法》所采取的犯罪定量模式下，据本书统计《刑法》分则共设置有 106 个情节犯，是我国《刑法》立法定量的重要体现方式之一。笔者认为，在《刑法》中设置情节犯主要的价值体现在以下几个方面：

第一，情节犯的设置顺应了中国法律文化传统，使刑事立法具有较强的亲和力，易于被国民接受。我国在漫长的封建社会长期施行"德主刑辅"的治国理念，"以礼教为主，而以刑罚为辅教的工具。教成便不需法

---

① 刘树德：《罪状之辨析与界定》，《国家检察官学院学报》1999 年第 28 期。

律,以刑措而不用为最高理想"①。在这种思想的指引下,我国封建社会所制定的刑法典在实际的调控范围上是非常有限的,大部分的案件都被道德、家规、族规、乡约等其他的社会规范给消化了,这样的法律制度使民众形成了"息讼"等法律观念和思想。这种法律思想历经时代变迁,时至今日仍然在我国广泛生长。正如苏力指出的那样:"因为,一种具有深厚社会文化基础的观念一旦形成,必将极大作用于历史,即便在最初的条件已经消失,相应的制度已经改变的情况下,它也可能长久地存留下去,于无形之中影响甚至左右人们的思想和行为。"② 所以,中华人民共和国成立后所制定的两部刑法典都自觉顺应了我国的法律文化传统,"刑事立法必须以缩小打击面为宗旨,注重刑法的谦抑性,而达致缩小打击面最为简约的方式便是从犯罪构成的量上进行控制,把没有达到一定量限的危害行为排除在犯罪圈之外"③。我国《刑法》采取"立法定性又定量"的模式,在分则中大量设置情节犯,契合了深受传统法律文化影响的广大社会公众对犯罪的认知。这样的刑事立法也显得具有较强的亲和力,易于被国民接受,进而可使《刑法》的实施具有较强的社会基础,能够收到良好的社会效果。

第二,情节犯的设置既能适应社会形势的变化,又能避免《刑法》条文的冗长、繁杂,使刑事立法至少在形式上保持一种相对的稳定性。我国是一个地域广阔、人口众多的多民族国家,多民族之间文化差异较大,东部地区与广大中西部地区的经济社会发展也极不平衡。面对纷繁复杂的社会生活和千差万别的犯罪现象,要制定一部通行全国的刑法典,根本无法用具体的规定来概括可能发生的各种危害社会的严重情形。有些属于不能预见的犯罪情况,因而无法具体规定;还有些则属于虽能够预见,但要做冗长、繁杂的表述,会使《刑法》失去简洁的价值。所以,在立法时使用"情节严重""情节恶劣"这样概括性的词汇,既可以避免一些严重的危害

---

① 瞿同祖:《中国法律与中国社会》,中华书局2003年版,第344页。
②③ 储槐植、汪永乐:《再论我国刑法中犯罪概念的定罪因素》,《法学研究》2000年第2期。

社会的行为不因法律没有规定而不受惩处,又能给法益以更大范围和更高程度的保护。此外,我国自实行改革开放政策以来,社会各领域发生着日新月异的变化,我国处在从传统的农业社会向现代工业社会转型的历史阶段,社会关系变化之深刻和广泛前所未有。面对变动不居的社会关系,在采取"立法定性又定量"模式的前提下,有效的立法方式之一就是设置情节犯。例如,《刑法》第216条关于假冒专利罪的规定:"假冒他人专利,情节严重的,处三年以下有期徒刑或者拘役,并处或者单处罚金。"该条确定了本罪的性质是假冒他人专利的行为,但对于犯罪成立的范围则使用"情节严重"予以概括,既宣示了《刑法》禁止和打击假冒他人专利的行为,又给《刑法》的具体适用预留了一定的弹性空间。这样做能够使《刑法》涵盖复杂多变的社会形势,而不至于损害《刑法》的稳定性和权威性。正如有的论者所言:"它解决了刑法典的稳定性与社会发展之间的矛盾,既遵循了立法者的法律规则主义又赋予了司法者一定程度的自由裁量权。"[1]

第三,情节犯的设置便于司法机关在实践中因地制宜地打击犯罪,积极发挥自由裁量权。世界上没有任何一个国家的刑法典可以不经过法官的解释和裁量,而直接适用于具体案件。法官不是执行法律的机器,法官一定程度的自由裁量权的存在是合理的、必需的。一直参与中华人民共和国刑法典起草工作的高铭暄教授,在解释为什么有不少条文在规定犯罪构成时,采用了"情节严重""情节恶劣"等比较笼统、模糊的词汇时指出:"主要考虑到条文规定的过细过死,缺乏必要的灵活性,反而容易发生偏差。因而,有些条文不得不规定的原则一些、概括一些,这样适应性就可大一些,运用起来灵活一些,便于'因地制宜、因时制宜'。"[2] 这说明,刑事立法给司法者预留了充分的自由裁量的空间,以便满足其打击犯罪的需要。显然,情节犯的设置也对我国法官的素质提出了更高的要求。从我国的实际情况来看,由于司法工作人员在业务水平、法律素养、社

---

[1] 刘莉:《情节犯问题研究》,西南政法大学硕士学位论文,2008年。
[2] 高铭暄:《中华人民共和国刑法的孕育和诞生》,北京法律出版社1981年版,第134页。

会经验、道德品质等方面的不同，对于同一条文的理解可能存在很大的差异，有可能导致自由裁量权的不当行使。在我国 1997 年修订《刑法》保留并增加了大量情节犯的情况下，为了对法官的自由裁量权进行合理的规范，我国最高司法机关针对"情节严重""情节恶劣"等抽象性术语，颁布了大量的司法解释。这些司法解释对于统一《刑法》的使用标准、规范法官的司法行为发挥了重要的作用，但也产生一些消极的后果。比如，过多的司法解释事实上架空了《刑法》条文，出现了法官"不是在适用《刑法》，而是在适用司法解释的"[①]的现象，并最终导致法官的自由裁量权无法正常行使。对于此问题，本书将提出完善司法解释的建议。我们有理由相信，随着我国法官队伍素质的逐渐提高，司法解释的改革将会使其负面效应逐渐受到限制，法官的自由裁量权将得到合理的应用。

第四，情节犯的设置符合唯物辩证法中的质量互变规律和马克思主义的犯罪观，与我国的法律体系也保持一致。辩证唯物主义是马克思主义的重要组成部分，是我们认识世界和改造世界的科学的世界观和方法论，它包括唯物论和辩证法。辩证唯物主义认为，客观世界是不断变化发展的。客观世界变化和发展的两种形式是量变和质变，两者之间相互联系并相互转化，事物总是在量变达到一定程度的基础上实现质变。同时，马克思主义的犯罪观认为，"蔑视社会最明显最极端的表现就是犯罪"[②]。中华人民共和国成立之后，我们以辩证唯物主义为指导构建了具有中国特色的社会主义法律体系，它的重要特征之一就是以违法行为社会危害性程度的高低为标准对罪与非罪进行划分。一般的违法行为包括民事侵权行为、行政违法行为或经济违法行为，只有在社会危害性达到一定程度的时候，即在量变引起质变时，才能被《刑法》规定为犯罪行为追究其刑事责任。《刑法》第 13 条是关于犯罪一般概念的规定，其中的但书部分表明了犯罪的成立是定性与定量的统一，这正是唯物辩证法质量互变规律和马克思主义犯罪观

---

① 陈兴良：《刑法哲学》，中国政法大学出版社 2004 年版，第 519 页。
② 马克思、恩格斯：《马克思恩格斯全集（第 2 卷）》，人民出版社 1963 年版，第 210 页。

的生动体现。情节犯的设置以《刑法》第13条的规定为基础，采用"实行行为+情节严重或情节恶劣"的成立模式，显然更加直观地反映了情节犯也是违法行为在社会危害性达到一定量的基础上构成的。例如，《刑法》第222条规定："广告主、广告经营者、广告发布者违反国家规定，利用广告对商品或者服务作虚假宣传，情节严重的，处二年以下有期徒刑或者拘役，并处或者单处罚金。"该条是对虚假广告罪的规定，依据该条的规定，并不是所有的虚假广告行为都构成犯罪，《刑法》只是将那些情节严重、一般行政法规无法充分保护被侵害者法益的虚假广告行为规定为犯罪，来追究其刑事责任。

二、情节犯的立法缺陷

如上文所述，在我国《刑法》对犯罪的定量因素采取"立法定性又定量"的模式下，情节犯作为对犯罪立法定量的重要形式之一具有积极而重要的立法价值。但是，我国现行《刑法》关于情节犯的设置也并不是完美的。我国学界关于情节犯在立法上的缺陷的论述主要集中在以下几个方面：

第一，情节犯与刑法的明确性要求问题。罪刑法定原则是现代刑法的基本原则，它以保障人权为基本理念，要求在现代社会犯罪及后果必须是由成文的法律规定的，并且规定犯罪的法律条文必须是清楚明确的，使人们能够在行为之前确切了解违法行为的内容，以准确地确定犯罪行为与非犯罪行为的界限，最终保障该规范没有明文规定的行为不会成为规范适用的对象。[①] 显然，模糊不清的《刑法》不具有预测可能性，国民在行为之前不明白其行为的法律性质，会造成公民行动萎缩的后果，进而限制国民的自由。另外，不明确的刑法规范也会给司法擅断留下空间。[②] 对于我国在《刑法》中设置情节犯是否违反了刑法明确性的要求，理论界有两种不

---

① 杜里奥帕多瓦尼：《意大利刑法原理》，陈忠林译，法律出版社1998年版，第24页。
② 张明楷：《刑法学（第四版）》，法律出版社2011年版，第59页。

同的声音。多数学者认为情节犯作为概括性的定量因素表述模糊笼统，有违刑法明确性的要求。如有的论者指出：" '情节严重' '造成严重后果'等概括性定量因素，在表述上过于笼统、抽象，内涵十分模糊，因而可操作性不强。"① 还有论者同样认为：" '情节严重'的含义不明确导致罪与非罪的界限不明确……难以认定犯罪的性质，司法实践中也不好操作……司法机关不得不出台司法解释，以指导在司法活动中如何正确判定情节犯，以致出现了司法解释的数量远远超过了刑法条文数目的数十倍，导致……刑事立法权的旁落。"② 但是，也有学者持相反的立场，认为情节犯的设置并不违反刑法明确性的要求。如有的论者认为，绝对明确的刑法是不存在的，"明确性"只能是我们至高的追求，而现实中根本无法达到，"水至清则无鱼"的生活道理同样适用于刑事法治追求的基本价值理念。无论从人权保障精神来看，还是从社会保护要求来看，情节犯与罪刑法定主义明确性的要求并不相违背。③

有别于上述观点，对于情节犯是否有违刑法明确性要求的问题，本书认为，应当基于我国《刑法》立法定量模式下情节犯的罪状构造进行分析论证。罪状是分则罪刑规范对犯罪具体状况的描述，指明适用该罪刑规范的条件，行为只有符合某罪刑规范的罪状，才能适用该罪状。因为情节犯是"立法定性又定量"模式的体现，那么情节犯的罪状自然也就可以划分为两个部分，即定性部分和定量部分。笔者认为，定性部分和定量部分在对情节犯进行认定时发挥的作用是明显不同的。定性部分是对情节犯事实行为性质的规定，是认定情节犯的核心要素。而定量部分是对实行行为危害程度量的限制条件，是认定情节犯的辅助要素。定性部分是定量部分的存在前提，并为定量部分划定存在范围，两者结合在一起构成情节犯。关于情节犯的规定是否明确的问题首先和主要取决于刑法对于定性因素的规定是否明确，其次考量的才是定量要素的规定是否明确。

---

① 秦晓：《犯罪构成中的定量因素研究》，广西民族大学硕士学位论文，2009年。
② 刘莉：《情节犯问题研究》，西南政法大学硕士学位论文，2008年。
③ 赵胜军：《情节犯若干问题研究》，西南政法大学硕士学位论文，2008年。

根据本书对我国情节犯立法背景和立法模式的论述可知，理论上所称的狭义的情节犯的定量罪状基本上都是采用"情节严重"或"情节恶劣"表述的，可以说是不明确的。那么，能否以此认为《刑法》中情节犯的设置违反了明确性的要求呢？笔者认为答案是否定的。《刑法》之所以在表述犯罪定量因素的时候采用"情节恶劣"或"情节严重"这样模糊性概括性的词汇，主要是因为有些情形难以预料或者可以预料但均做出规定会使《刑法》太烦琐而不便于在立法中规定。所以，情节犯中定量因素的模糊性和概括性是不得已而为之的。综上，关于情节犯是否有违明确性要求的问题主要考察的就是罪状中对于情节犯定性部分的规定。本书认为，如果定性部分规定得清楚明确，那么就应当认为情节犯没有违反明确性要求。比如《刑法》第246条规定："以暴力或者其他方法公然侮辱他人或者捏造事实诽谤他人，情节严重的，处三年以下有期徒刑、拘役、管制或者剥夺政治权利。"本条是对侮辱罪、诽谤罪的规定，两罪均是情节犯，法条对实行行为的规定是清楚明确的，虽然使用了"情节严重"进行定量，但司法实践中绝大多数的这两类案件的认定不会特别困难。所以，尽管使用了模糊性的定量因素，也很难说这两个罪名的设置违反了明确性的要求。相反，如果作为情节犯定性部分的罪状设置得过于概括和模糊，则可能会使情节犯的设置与明确性要求发生冲突。例如，《刑法》第225条规定："违反国家规定，有下列非法经营行为之一，扰乱市场秩序，情节严重的，处五年以下有期徒刑或者拘役，并处或者单处违法所得一倍以上五倍以下罚金；情节特别严重的，处五年以上有期徒刑，并处违法所得一倍以上五倍以下罚金或者没收财产：（一）未经许可经营法律、行政法规规定的专营、专卖物品或者其他限制买卖的物品的；（二）买卖进出口许可证、进出口原产地证明以及其他法律、行政法规规定的经营许可证或者批准文件的；（三）未经国家有关主管部门批准非法经营证券、期货、保险业务的，或者非法从事资金支付结算业务的；（四）其他严重扰乱市场秩序的非法经营行为。"该条也是对情节犯非法经营罪的规定，我们可以很明显地发现其罪状的定性部分，关于非法经营行为的范围划分采取的是概括性的兜底条款，这就使实行行为的认定变得漫无边际。再加上定量因素也是概括性的词汇，所以，非法经营罪几乎在理论界被公认为口袋罪，与刑法明确性的要求明显抵触。类似的情节犯还存在于《刑法》分则第三章破坏社会主义市场经济秩序罪和第六章扰乱社会秩序罪当中，因为《刑法》在对这些罪名进行设置时多采用的是空白罪状或引证罪状的形式，其实行行为定性部分的设置也面临着刑法明确性要求的拷问。所以，我们应当对情节犯与刑法明确性要求的问题做出具体的分析，而不能一概而论。

第二，《刑法》对于情节犯的设置，使某些罪名之间在罪状表述上显得不均衡、不协调。

既然《刑法》总则中所规定的犯罪概念是定性与定量的统一，那么从立法学的角度来讲，如果行为本身的性质比较严重，《刑法》对作为定量因素的情节的要求就会较低。例如，危害国家安全罪在我国被认为是性质极为严重的犯罪，实施这种行为一般都会构成犯罪。《刑法》分则在设置该类犯罪的具体罪名时，在罪状中均没有规定"情节严重"等定量要求。这就意味着只要实施危害国家安全的行为，原则上就会构成犯罪。这类犯罪正是本书第一章第二节我国《刑法》中犯罪定量因素的立法方式中的第一类犯罪。这类罪名除了分布在危害安全罪中外，还主要分布在一些性质严重的自然犯罪类型中。

为了使《刑法》分则体现定性又定量的要求并且各个罪名之间均衡、协调，分则在设置具体罪名时应做如下处理：首先，对危害性质较轻的犯罪，应当通过设置定量因素而使行为整体达到相当严重的程度以构成犯罪。其次，对于有些性质比较严重的犯罪，就不需要再设置定量因素了。但不幸的是，《刑法》对于情节犯的设置均出现了与之相反的情形，使得《刑法》分则罪与罪之间显得不均衡、不协调。其一，本书第一章第二节我国《刑法》中犯罪定量因素的立法方式中的第三类犯罪，这类犯罪性质较轻，但是《刑法》却没有在基本罪状当中规定定量因素。例如，《刑法》第 251 条规定的侵犯公民宗教信仰自由罪，其社会危害性一般来讲要比第

245条非法侵入他人住宅罪严重得多,但是《刑法》分则在设置罪状时,却对性质更为严重的前者要求"情节严重",而对性质较轻的后者在构成犯罪时并不要求"情节严重"。其后果也可想而知,"对这些性质较轻的犯罪,若不明确规定分则性定量因素,则有可能使司法实践在认定这些犯罪时不考虑定量要求,将治安违法行为当作犯罪处理,从而不恰当地扩大了《刑法》的处罚范围"。① 其二,《刑法》分则还有一些条款所规定罪名的实行行为性质已经比较严重,但在罪状中又设置了"情节严重"的定量因素,并且与其他的定量因素相并列。例如,《刑法》分则第273条规定:"挪用用于救灾、抢险、防汛、优抚、扶贫、移民、救济款物,情节严重,致使国家和人民群众利益遭受重大损害的,对直接责任人员,处三年以下有期徒刑或者拘役;情节特别严重的,处三年以上七年以下有期徒刑。"本条规定的罪名是挪用特定款物罪,该罪的性质相对比较严重,并且客观上已经致使国家和人民群众利益遭受重大损害,那么在这种情况下再设置"情节严重"作为定量因素就显得有点多余。它在司法实践中可能会不当地缩小刑罚的处罚范围,使刑法不能为相关法益提供充分的保护。

另外,《刑法》中还有一些条文在立法的设置上从根本上排除定量因素的规定。例如,《刑法》第347条第1款规定:"走私、贩卖、运输、制造毒品,无论数量多少,都应当追究刑事责任,予以刑事处罚。"该条款是对走私、贩卖、运输、制造毒品基本罪的规定,体现了我国政府对于走私、贩卖、运输、制造毒品等犯罪采取的是零容忍的态度。这样的立法规定对执法提出的严格要求,固然有利于打击毒品犯罪。但是,依据我国刑事立法的精神,任何一个行为要构成犯罪,必须是在行为的社会危害性量上达到严重的程度。虽然毒品犯罪在社会中危害深重,打击和预防的难度也比较大,但是立法上采取的不对情节进行区分一律构成犯罪的做法,显然违背了《刑法》第13条蕴含的犯罪定量的精神。因此,有学者提出,

---

① 秦晓:《犯罪构成中的定量因素研究》,广西民族大学硕士学位论文,2009年。

将来可对《刑法》第347条进行立法修改，使其与总则的但书规定保持一致。① 在修改《刑法》时将其设定为情节犯应当是毒品犯罪立法完善的可选择途径之一。

第三，有些情节犯在我国刑事立法上缺乏必要的科学分析和论证，具有一定的随意性。刑事立法牵涉到犯罪行为成立的界限和犯罪的法律后果，关系到国民的民主权利和自由权利的行使，应当是十分严谨和审慎的。《刑法》在设置任何一个罪名的时候，都必须进行必要的科学分析和论证，唯有这样，才有可能保证立法的质量和效果。但是我国现行《刑法》中某些对于情节犯的规定，显得有些随意，对于情节犯的成立范围和成立条件的规定似乎缺乏充分的理由。主要表现在以下几个方面：

首先，《刑法》第129条关于丢失枪支不报罪的规定为："依法配备公务用枪的人员，丢失枪支不及时报告，造成严重后果的，处三年以下有期徒刑或者拘役。"第441条关于遗失武器装备罪的规定如下："遗失武器装备，不及时报告或者有其他严重情节的，处三年以下有期徒刑或者拘役。"我们姑且不论我国刑法理论界对于丢失枪支不报罪的实行行为、在主观方面对严重后果的认识等问题所存在的激烈争论，仅就法条的表述而言，两罪在法定刑相同的情况下，依法配备公务用枪的人员，丢失枪支不及时报告，需要造成严重后果，才可以构成丢失枪支不报罪。由于武器装备的重要性和特殊性，立法者对其构成犯罪量上的要求降低了，只要不及时报告就可以构成犯罪。因为此时的"其他情节严重"与"不及时报告"是并列的关系，所以，这里的"其他情节严重"应该与"不及时报告"的设置本意是一致的，即反映的不再是立法者对该罪的限制性要求，体现行为性质较轻的立法意图，而是在降低行为构成犯罪的要求，并以此说明行为性质的严重性。显然，这里的"情节严重"与一般意义上情节犯中的"情节严重"所表达的立法意旨是不同的。因此，"情节严重"的情节要求在立法

---

① 秦晓：《犯罪构成中的定量因素研究》，广西民族大学硕士学位论文，2009年。

上表现出了随意性和缺乏对行为性质的科学鉴别。①

其次，关于《刑法》中情节犯的主观方面即罪过形式，和许多学者的立场一样②，笔者认为都应当为犯罪故意。但是在我国的刑事立法中，至少从形式上看，存在着四个罪过形式为过失的情节犯。它们分别是第441条遗失武器装备罪、第398条过失泄露国家秘密罪、第409条传染病防治失职罪、第432条故意过失泄露军事秘密罪。例如，《刑法》第398条规定："国家机关工作人员违反保守国家秘密法的规定，故意或者过失泄露国家秘密，情节严重的，处三年以下有期徒刑或者拘役；情节特别严重的，处三年以上七年以下有期徒刑。"该条包含了两个罪名：故意泄露国家秘密罪和过失泄露国家秘密罪。两种罪在表述上除了罪过形式之外，罪状完全一样。根据我国刑法学的基本原理，因为犯罪过失所反映的主观恶性要远小于犯罪故意，所以，刑法为了控制过失犯罪的成立范围，要求过失犯罪的成立都以造成一定的结果为必要条件，即所有的过失犯罪都是结果犯。也就是说，对于过失行为究竟需要在多大程度上追究刑事责任，完全可以通过犯罪结果的范围进行调控，而不需要再设定其他定量因素。所以，上述四个立法例显然违背了刑法学的基本原理。笔者认为，完全可以基于《刑法》总则关于犯罪过失的规定和刑法学的基本原理，对这四个立法例进行理论解释，将其解释为《刑法》只是出于立法便利的考虑，才将两个不同罪过的罪名规定在一起，其立法原意并不是对这四个过失犯做出有违刑法基本原理的规定。但是，从立法严谨的角度来看，将故意犯罪和过失犯罪规定在一起，共用一个罪状，至少存在形式上的不足，容易造成不必要的误导。

第四，《刑法》在对某些情节犯进行处罚程度的设置时，把自然人和单位两类主体区别对待，有违公平正义的要求。

根据行为主体的不同，我国《刑法》中的犯罪可以划分为自然人犯罪

---

① 李翔：《情节犯研究》，上海交通大学出版社2006年版，第188页。
② 叶高峰、史卫忠：《情节犯的反思及立法完善》，《法学评论》1997年第2期。

与单位犯罪。依据《刑法》的规定,分则大部分犯罪只能由自然人实施,极少数犯罪只能由单位实施,还有一些犯罪自然人和单位均可以实施。那么,在这种既可以由自然人实施也可以由单位实施的犯罪中,《刑法》在设置法定刑时,应当在其所造成的危害后果基本一致或相同的情况下,也设置基本一致或相同的法定刑。然而,《刑法》第180条对内幕交易罪泄露内幕信息罪的自然人的刑事责任这样规定:"情节严重的,处五年以下有期徒刑或者拘役,并处或者单处违法所得一倍以上五倍以下罚金;情节特别严重的,处五年以上十年以下有期徒刑,并处违法所得一倍以上五倍以下罚金。"单位犯罪的刑事责任是:"单位犯前款罪的,对单位判处罚金,并对其直接负责的主管人员和其他直接责任人员,处五年以下有期徒刑或者拘役。"可见,对于同样的内幕交易、泄露内幕信息行为,单位犯罪与自然人犯罪在刑罚量的分配上,前者远轻于后者。刑事立法这样做,笔者认为至少会产生如下两个方面的负面效果:其一,在造成相同的社会后果的情况下,仅仅因为犯罪主体的不同而判处相差悬殊的刑罚,对被追究刑事责任的自然人来说,有失公平正义,会严重损害刑法的严肃性和权威性,也很难产生良好的刑罚效果。其二,如果在造成的后果相同的情况下,对单位的处罚远远低于自然人,在客观上会削弱《刑法》对于单位的威慑力,甚至会在某种程度上鼓励单位实施这一类犯罪,显然不利于预防犯罪。

第三节 情节犯的立法完善

通过上一节的分析,我们发现情节犯在立法上存在着很多的缺陷,需要我们提出合理的建议对之进行完善。另外,从表面上看,情节犯的立法缺陷似乎仅仅是停留在立法技术层面的小问题,对存在问题的地方也似乎直接做一下修改就可以了。然而,事实并非如此简单。我们从更深的层次和更宽广的视域上进行分析,可以发现情节犯在立法上之所以存在前述缺陷,除了某些立法技术层面的原因之外,更根本、更重要的原因来源于我国《刑法》对于犯罪定量因素所采取的立法模式。相比于世界上绝大多数国家所采取的"立法定性、司法定量"模式,我国的犯罪定量模式在理论上就存在着很多难以克服的缺陷,所以,情节犯作为我国刑事立法对犯罪进行定量的重要途径之一,在立法上存在前述明显的缺陷,在一定程度上也可以说是必然的。我们要对情节犯进行立法上的完善,显然不能"头疼医头、脚疼医脚",必须对我国《刑法》犯罪定量模式进行深刻的反思,并寻找解决问题的出路,这涉及整个立法模式的转变及情节犯之外的其他犯罪立法类型在《刑法》中如何重新定位的问题。

正如本书在第一章中所述,"基于社会防卫、刑法的公正、保障人权与刑法理论发展的角度,选择'立法定性、司法定量模式'是我国刑事法治建设所应当追求的目标"。但是历史和现实的多种原因,决定了我们不可能一夜之间把我国的犯罪定量模式转变为"立法定性、司法定量"模式。首先,我国特有的法文化传统在国民中还存在着广泛的影响,在国民心目中所形成的法律思维具有坚韧顽强的生命力,不可能一下子或者使用强力予以改变。其次,自20世纪80年代以来,随着改革开放的推进,有中国特色的社会主义法律体系已经基本形成,其重要特征之一就是根据社会危害性的程度将反社会行为区分为民事违法、经济违法、行政违法、刑事违法这四类。如果我们突然之间将某些民事违法行为、经济违法行为、行政违法行为,都在立法上定性为犯罪行为而不做定量的规定,显然会给有中国特色的社会主义法律体系中的其他部门的法律以巨大的冲击,甚至是推倒重来,其成本之大不说,还可能会令社会关系有失控的风险。最后,西方发达的资本主义国家已经进入后工业化的时代,社会的发展已经十分成熟和稳定,而我国社会所进行的从传统的农业社会向现代工业社会的转变并未完全结束,正处于深入推进的历史阶段,社会矛盾错综复杂,新鲜事物不断涌现,这在一定程度上决定了我国刑法在设定犯罪时,不可能像"立法定性、司法定量"模式那样按照行为类型做出简单明确的规定。否则，会使《刑法》无法对迅速变化的社会关系及时、全面地调控。这也说明了我国现行的立法模式具有存在的现实合理性。

笔者认为，"立法定性、司法定量"模式是我国《刑法》犯罪定量模式改革的目标，但是我们的国情民意，决定了我们只能循序渐进地进行。本书的大致设想是从我国现行《刑法》的规定，司法实践中相关犯罪的性质、规律和特点以及刑法学的基本原理出发，让现行《刑法》中的一部分犯罪率先实现"立法定性、司法定量"，其余的一部分需要继续坚持"立法定性又定量"的模式，另外一部分则需要为实现"立法定性、司法定量"创造条件。当然，论述的重点仍然是在立法模式转变的背景下，情节犯的立法缺陷如何完善。根据本书第一章的分析，以《刑法》分则对犯罪定量因素的设置方法为标准，把分则所规定的罪名划分为三类：第一类犯罪，因性质严重而《刑法》并未设置定量因素、一旦实施原则上就可以构成犯罪的类型。第二类犯罪，即《刑法》分则对其成立条件做了既定性又定量规定的犯罪类型。第三类犯罪，即性质相对较轻但是刑法并未对其设置定量因素的犯罪类型。还有，《刑法》第13条所规定的犯罪概念也属于定性与定量的统一，同样需要予以完善。本书拟以这四者为论述的对象，对在立法模式转变背景下的情节犯的立法完善做出尝试和探索。

一、总则中犯罪概念的调整

犯罪概念是揭示犯罪内涵的逻辑方法，在一般意义上它反映的是犯罪的本质属性或基本特征。当今世界存在成文刑法的国家，都在刑法中使用犯罪的概念。但是在刑法中是否以及如何规定犯罪的一般概念则有不同的做法：第一，不在刑法中规定犯罪的一般概念，这也是世界上绝大多数国家的做法。第二，从形式上规定犯罪的一般概念。例如，1810年《法国刑法典》第一条规定："法律以违警刑所处罚之犯罪，称为违警罪；法律以惩治刑所处罚之犯罪，称为轻罪；法律以身体刑所处罚之犯罪，称为重罪。"第三，从实质上规定犯罪的一般概念。例如，1919年《苏俄刑法指导原则》第6条规定："犯罪是危害某种社会关系、制度的作为或不作为。"第四，规定形式与实质相统一的犯罪概念。例如，我国《刑法》第13条对于犯罪概念所做的一般规定："一切危害国家主权、领土完整和安全，分裂国家、颠覆人民民主专政的政权和推翻社会主义制度，破坏社会秩序和经济秩序，侵犯国有财产或者劳动群众集体所有的财产，侵犯公民私人所有的财产，侵犯公民的人身权利、民主权利和其他权利，以及其他危害社会的行为，依照法律应当受刑罚处罚的，都是犯罪，但是情节显著轻微危害不大的，不认为是犯罪。"我国刑法理论一般认为，形式的犯罪概念只注重犯罪的法律特征，而没有回答法律为什么将这种行为规定为犯罪。实质的犯罪概念虽然解释了犯罪的本质，但是忽略了犯罪的法律特征，在司法实践中缺乏可操作性。只有形式和实质性统一的犯罪概念，将犯罪的形式特征和本质特征结合起来，才比较合理。①

笔者认为，我国《刑法》第13条所规定的犯罪概念，与国外刑法中其他类型的犯罪概念所存在的区别，并不仅在于是否实现了形式与实质相统一，还在于我国《刑法》在规定了犯罪的实质特征和形式特征之后，在"但书"部分对于构成犯罪行为的社会危害性程度在量上作出了要求。由于该条对《刑法》分则所规定的所有的具体罪名均具有制约和指导作用，于是，总分则结合在一起，就构成了我国刑事立法有别于国外刑事立法的一个基本而又重要的特征，即在刑事立法中对犯罪的成立既做定性的规定，又做定量的规定。它所体现的是整个刑事立法对于犯罪定量因素在立法模式上的基本立场问题。正如本书已经分析的那样，这种形式与实质相统一、定性与定量相结合的犯罪概念看上去清楚明确，实则含混模糊，在理论上存在诸多的缺陷。而我国现行的对犯罪定量因素的立法模式要实现基本立场的转变，首先需要面对的一个问题就是，《刑法》总则所规定的犯罪一般概念应该如何调整。

正如上文所分析的那样，我国《刑法》犯罪定量模式转变的目标是

---

① 马克昌：《刑法》，高等教育出版社2007年版，第28页。

"立法定性、司法定量"模式,但是,诸多历史和现实的原因决定了我们不可能突然之间实现这种转变。我们现在所要做的主要是根据不同的犯罪类型的特点、规律和我国刑法学的基本原理,分类别、分批次地逐渐实现我国犯罪定量因素立法模式的转变。也就是说,我国《刑法》分则所规定的罪名将要从现在的定性又定量,调整为一部分罪名仅仅在立法上定性,另一部分罪名则仍然保持立法上定性又定量。因为总则犯罪概念和分则具体的罪名密切关联,要实现我国犯罪定量因素立法模式的转变,《刑法》第13条所规定的犯罪概念首先必须做出调整。由于调整后的《刑法》总则的犯罪概念,所要概括的犯罪类型既有立法上定性的犯罪,还有立法上定性又定量的犯罪。所以,在前述世界各国刑事立法界定犯罪概念的通行做法中,由于第三种做法是从实质上规定犯罪的一般概念,没有指明犯罪的形式特征,不符合现代刑事法治的理念,故不足取。于是,现在在理论上只有三种途径可供我们选择:第一,和大多数国家一样,不在《刑法》中规定犯罪的一般概念。按照这种立法体例,《刑法》在总则中不规定犯罪的一般概念,分则可以根据现实和犯罪的性质、特点,对具体犯罪是否在立法上定量进行自主选择。第二,仅在形式上规定犯罪的一般概念。按照这种立法体例,《刑法》总则在形式上规定"犯罪是违反刑法、应当受到刑罚处罚的行为",这种做法在某种程度上仅具有一种宣示性的意义。《刑法》分则也可以视情况决定对具体罪名是否设置定量因素。第三,仍然在《刑法》总则中采取形式与实质相统一的犯罪概念,但是不再同时规定犯罪的定量因素。就我国的情况而言,把《刑法》第13条中但书部分删掉即可实现。这种总则性的犯罪概念既对犯罪行为的性质即社会危害性做出规定,又要求构成犯罪的行为具有刑事违法性的法律特征。从理论上讲,上述这三种关于总则中犯罪概念的立法途径,均可以满足我国《刑法》分则犯罪定量模式的需要。但是,考虑到我国《刑法》总则中一直设有犯罪的一般概念,并且体现的是实质和形式的统一,也在很大程度上已经被我国公民接受和认知。所以,出于对立法稳定性和延续性的考虑,应当认为上述第三种做法更符合我国的实际,更合理、更可行。

二、第一类犯罪的立法完善

第一类犯罪,就是我国《刑法》在对犯罪进行犯罪定性设置时,因为其性质严重而并未设置定量因素、一旦实施原则上就可以构成犯罪的类型。这一类犯罪之所以性质会比较严重,主要是因为其侵害的多是重大法益,行为一旦实施,就可以造成非常严重的后果。所以,《刑法》出于对这些重大法益进行保护的需要,并没有在具体罪名的罪状中设置定量的因素,明确只要实施了这类犯罪行为,原则上就可以构成犯罪,追究行为人的刑事责任。之所以说是原则上都可以构成犯罪,是因为司法实践中的犯罪现象具有多样性、复杂性,即使实施了该类行为,在特殊情况下也可能由于社会危害性程度极低而不宜当作犯罪来处理,这是实质正义的要求。

根据我国现行《刑法》的规定,这一类犯罪主要分布在分则第一章危害国家安全罪、第二章危害公共安全罪当中,例如,《刑法》分则第102条关于背叛国家罪的规定:"勾结外国,危害中华人民共和国的主权、领土完整和安全的,处无期徒刑或者十年以上有期徒刑。与境外机构、组织、个人相勾结,犯前款罪的,依照前款的规定处罚。"《刑法》分则第114条关于放火罪、决水罪、爆炸罪、投放危险物质罪、以危险方法危害公共安全罪的规定:"放火、决水、爆炸以及投放毒害性、放射性、传染病病原体等物质或者以其他危险方法危害公共安全,尚未造成严重后果的,处三年以上十年以下有期徒刑。"上述犯罪所侵害的是国家安全和极其重要的公共安全,均是我国《刑法》保护的重点,《刑法》为它们的入罪设立了极低的门槛。这一类犯罪还有一些散见于分则其他各章节中,往往成为所在章节危害最为严重的罪名。例如,在理论上称为自然犯的故意杀人罪、抢劫罪等就是如此。

因为现行《刑法》对这一类犯罪本来就没有规定定量因素,所以,在立法模式转变的背景下,这一类犯罪看上去似乎只要保持现在的立法模式不变就可以了。但是,笔者认为,这一类犯罪要想真正实现立法定性,除了不能在罪状中设置定量因素之外，更重要的还需要按照行为类型或行为对象的不同，将现有的一个罪名拆分为几个不同的罪名，以从真正意义上满足罪刑法定原则明确性的要求。这里以我国《刑法》第232条所规定的故意杀人罪为例展开分析。该条规定："故意杀人的，处死刑、无期徒刑或者十年以上有期徒刑；情节较轻的，处三年以上十年以下有期徒刑。"可以发现，该罪状属于简明罪状，所规定的实行行为只是对罪名的简单的重复。据此，故意杀人行为的内涵虽然可以确定，但是其外延并不明确。司法实践中所存在的一些特殊的案件究竟能否认定为故意杀人罪，并非没有争议，至少仅仅根据上述法条还不能直接得出让人确信的答案。例如，知道被害人患有严重的心脑系统疾病，可能因为情绪激动而发病，进而危及生命。但是行为人故意对其进行精神方面的刺激，导致被害人病发而死。还有，教唆他人自杀或者帮助他人自杀、安乐死等。一个不具有专业法律知识的普通公民，对于这些行为是否属于"故意杀人"的范围，不大可能有一个十分明确的认识。从这个意义上讲，《刑法》分则广泛存在的这种仅仅对犯罪简单定性的立法，并不能满足明确性的要求。这也是导致大量司法解释产生的一个重要原因。

为了在真正意义上实现罪刑规定明确性，对于此类犯罪我国有必要借鉴国外刑事立法的做法，即把同一个性质的行为按照行为的不同类型或对象等区分因素设置为不同的罪名。还以故意杀人罪为例，国外的刑事立法往往根据故意杀人行为是否有预谋、犯罪对象的不同、行为样态的不同、被害人是否同意等标准，将其设置为如下罪名：谋杀罪与故杀罪；普通杀人罪与杀害尊亲属罪；毒杀罪与决斗杀人罪；一般杀人罪、参与自杀罪与同意杀人罪等。① 各国根据各自的国情需要进行有选择性的立法或修改。所以，本书也建议对于由于其性质严重而并未设置定量因素的第一类犯罪，在保持立法定性的前提下，总结我国司法实践中相应的行为类型，进行再次立法，并且将定量因素的裁决权完全交由司法机关行使，以实现真

---

① 张明楷：《外国刑法纲要》，清华大学出版社2007年版，第449页。

正意义上的司法定量。

三、第二类犯罪的立法完善

第二类犯罪，就是我国《刑法》在对犯罪进行设置时，对其成立条件在做了定性规定的基础上又做了定量规定的犯罪类型。这一类犯罪仅从行为的性质上讲，很难说危害程度就一定会非常严重，所以，刑事立法往往会以强调犯罪构成中的某一个要素的方式，如犯罪后果、犯罪数额、犯罪目的、行为主体的身份等，而使行为的社会危害性在整体上达到相当严重的程度。当从立法技术上很难预料哪一个因素会使行为的社会危害性升高，或者虽能预料但在《刑法》中一一表述会使《刑法》冗长烦琐时，《刑法》会使用"情节严重"或"情节恶劣"对犯罪的定量因素做出概括性的规定。这也就形成了理论上所称的结果犯、数额犯、目的犯、身份犯和情节犯。虽然同样是作为立法定量产生的犯罪类型，情节犯与其他几种犯罪存在着明显的不同，即相对于结果、数额、目的、身份等定量因素而言，"情节"一词更具有概括性、不明确性。这也正是本书选择情节犯作为研究对象的重要原因。结合上一节所述的情节犯在立法上的缺陷，以下将在定量模式转变的背景下，对作为立法定量产物的第二类犯罪的立法完善进行说明，当然，论述的重点是情节犯在立法上应该如何完善的问题。

（一）针对某些情节犯立法不明确问题的完善建议

第一，正如前文所述，《刑法》分则在对部分情节犯的罪状进行设置时，除了使用"情节严重"或"情节恶劣"这样的概括性语言来表述犯罪的定量因素之外，对实行行为的规定也非常不明确，严重违反罪刑法定原则明确性的要求。最具有代表性的立法例当属在理论上被广为诟病的《刑法》第225条规定的非法经营罪，因为"非法经营"本身的含义无法具体确定，而法条在列举了三种非法经营行为之后，使用了"其他严重扰乱市场秩序的非法经营行为"这样的兜底条款，使实行行为的外延变得漫无边际。本书认为，这样的立法例并非只有非法经营罪一个。例如，《刑法》第290条所规定的聚众扰乱社会秩序罪的法条为："聚众扰乱社会秩序，情节严重，致使工作、生产、营业和教学、科研无法进行，造成严重损失的，对首要分子，处三年以上七年以下有期徒刑；对其他积极参加的，处三年以下有期徒刑、拘役、管制或者剥夺政治权利。"在该法条中，罪状对实行行为的表述也仅仅是罪名的简单重复，并且其内涵依靠法条本身很难或者根本无法确定。这样的法条根本无法保证公民在行为之前的预测可能性，也为司法机关的有差别执法留下了余地，导致在司法实践中不得不颁布大量的司法解释进行补救，以规范司法机关的行为。

对于像非法经营罪、扰乱社会秩序罪这样的情节犯，法条对实行行为的规定实在是过于宽泛，很难找到一个明确的标准进行限定。所以，本书的建议是根据相关的行政、经济管理法规、现在的司法解释及司法经验，对该类罪名进行细化立法，将其分立为几个或多个具体的罪名。比如，可以根据具体的行为类型将其设置为若干个新的数额犯、结果犯、情节犯等。这样做既可以最大限度地满足罪刑法定原则明确性的要求，又可以维持立法内容的基本稳定，其可行性依据主要来自如下两个方面：

首先，我国的刑事立法已经存在过类似或者相同的做法，可以说在某种程度上已经具备了一定的立法经验。我国刑事立法对走私罪的立法变迁，正是这种立法经验的体现。我国1979年《刑法》第116条对走私罪的规定是："违反海关法规，进行走私，情节严重的，除按照海关法规没收走私物品并且可以罚款外，处三年以下有期徒刑或者拘役，可以并处没收财产。"可以发现，在1979年《刑法》中，走私罪属于典型的情节犯，其实行行为和现行《刑法》中的非法经营罪一样模糊不清，很难依据法条进行界定。为了在司法实践中有效地打击走私犯罪，我国不得不颁布单行刑法和大量的司法解释进行补救。随着单行刑法和司法解释的积累和司法经验的成熟，在1997年修订《刑法》时，立法机关在刑法典的分则第二章将原来的走私罪单列为一节，主要根据走私行为的犯罪对象和行为类型,将其作为一类犯罪进行了详细的规定。设置的具体罪名有:①第151条规定的走私武器、弹药罪;走私核材料罪;走私假币罪;走私文物罪;走私贵重金属罪;走私珍贵动物、珍贵动物制品罪;走私国家禁止进出口的货物、物品罪。②第152条规定的走私淫秽物品罪;走私废物罪。③第153条规定的走私普通货物、物品罪。另外,《刑法》第154条对特殊形式的走私普通货物、物品罪,第155条对间接走私行为所构成的走私罪,第156条对走私罪的共犯,第157条对武装掩护走私、抗拒缉私的处罚均作出了具体的规定。这些规定相对于1979年《刑法》对于走私罪的规定可以说是立法上的一个巨大进步,既实现了明确性的要求,又为有效打击走私犯罪提供了法律依据,也提升了《刑法》对于走私犯罪的威慑力。从立法经验的角度来看,走私犯罪的立法变迁已经超越了走私犯罪本身,它为情节犯的立法完善提供了一个成功的范本,在立法技术层面具有重要的意义和价值。对于非法经营罪和扰乱社会秩序罪等情节犯进行立法上的完善,完全可以参考1997年修订《刑法》时对走私犯罪的做法。

其次,我国最高司法机关对于这类犯罪所颁布的司法解释和司法机关在实践中所积累的经验,为立法上对这类情节犯进行完善提供了现实的基础。在此,仍以非法经营罪为例展开分析,据本书统计,自1997年《刑法》对该罪做出规定以后,又两次以刑法修正案的方式进行了修正,1998年全国人大常务委员会做出的针对其他犯罪的立法规定中有一条涉及本罪,从1998年8月至2010年5月最高人民法院、最高人民检察院、公安部等单独或联合针对本罪或者涉及本罪,所颁布的司法解释已有20次之多。其具体内容也可谓是冗长纷繁,已经数倍,甚至是数十倍于法条本身。就这些司法解释本身来说,也有待于梳理、总结。同时,司法机关在长期的实践中,也对该类案件积累了丰富的经验,可以为非法经营罪的立法完善提供有益的参考。所以,大量的司法解释和丰富的司法经验无疑为在立法上对非法经营罪进行细化立法提供了最直接和有用的素材。我们的立法机关可以从这些素材中,筛选出不同的行为类型和具体情节,进行细化立法。

第二，除了非法经营罪之外，我国《刑法》中还存在大量以违反相关的行政法律、法规为条件的情节犯，这些就是理论上所称的法定犯。《刑法》通常采取引证罪状的方式来表述其实行行为，这一类犯罪主要分布在第三章破坏社会主义市场经济秩序罪和第六章扰乱社会秩序罪当中。定量因素是"情节严重"或"情节恶劣"这样的模糊性词汇，实行行为的认定还要引用或参照《刑法》以外的其他法律规范才能确定，所以，这些情节犯同样面临刑事立法明确性要求的拷问。

笔者认为，这一类情节犯虽然也面临明确性的问题，但是其实行行为的明确性程度已经远远高于非法经营罪那一类型的情节犯。因为这一类型的情节犯的实行行为，可以通过法条的表述和相关的行政法律法规进行大致的确定。所以，该类情节犯的实行行为不可能像1979年《刑法》中的走私罪那样，能够在《刑法》分则中细化为数个罪名单独列为一节。所以，笔者主张对于该类情节犯，根据其在司法实践中的特点和规律，以及相关司法解释的情况，可以有选择地将其分立为几个具体的罪名，以实现其明确化的要求。同样，在我国的立法实践中也存在着这样的经验。我国1979年《刑法》第121条关于偷税罪和抗税罪的规定是："违反税收法规，偷税、抗税，情节严重的，除按照税收法规补税并且可以罚款外，对直接责任人员，处三年以下有期徒刑或者拘役。"该条除了要求行为违反税收法规之外，并没有对什么是偷税和抗税行为做出任何界定，其立法的不足显而易见。1997年修订的《刑法》以及其后的《刑法》修正案，对两罪做了修订，将偷税罪修订为现行《刑法》第201条的逃税罪："纳税人采取欺骗、隐瞒手段进行虚假纳税申报或者不申报，逃避缴纳税款数额较大并且占应纳税额百分之十以上的，处三年以下有期徒刑或者拘役，并处罚金；数额巨大并且占应纳税额百分之三十以上的，处三年以上七年以下有期徒刑，并处罚金。扣缴义务人采取前款所列手段，不缴或者少缴已扣、已收税款，数额较大的，依照前款的规定处罚。对多次实施前两款行为，未经处理的，按照累计数额计算。"将抗税罪在保留第202条原有罪名的同时修订为："以暴力、威胁方法拒不缴纳税款的，处三年以下有期徒刑或者拘役，并处拒缴税款一倍以上五倍以下罚金；情节严重的，处三年以上七年以下有期徒刑，并处拒缴税款一倍以上五倍以下罚金。"这次立法变迁是通过设定行为的数额、次数或者行为的方式予以明确化，极大地满足了明确性的要求。这种立法经验对于完善前述类似的情节犯，无疑也具有极大的参考和借鉴价值。

第三，有必要指出的是，本书认为，我国《刑法》所规定的法定犯或者称之为行政犯性质的情节犯，在立法模式转变的背景下，要实现刑法明确性要求，其立法完善或者改革的最终目标，应当是在我国以行政违法行为的类型为划分标准，经过科学的甄别和筛选，在刑法典之外建立起独立的行政刑法典。只有这样，才能真正满足明确性的要求，真正实现我国现在的犯罪定量模式向"立法定性、司法定量"模式的转变。

其实，当今世界上已有不少国家实现了行政刑法与刑法典的分离，而我国在1997修订《刑法》时基于"制定一部统一、完备的刑法"的指导思想，反将我国的行政刑法内容吸纳进刑法典中。对此有学者指出："将行政犯规定在刑法典中有损刑法的安定性、有损法律之间的协调统一性，而且增加大量空白罪状影响刑法的适用，事实上也是完全不可能做到的。"[①] 笔者认为，该观点一语中的，现行《刑法》中的行政犯罪多采取情节犯的方式进行设立，广泛存在着明确性的问题。如果从犯罪定量模式转变的角度来考察这些罪名，会觉得在我国制定独立于刑法典的行政刑法典具有更强的必要性和合理性。

要实现这样的转变，首先就要对现在的权力分配体制进行调整，将现在行政机关行使的绝大部分认定和处罚行政违法行为的权力收归立法机关和司法机关。将现在绝大多数的行政违法行为根据其行为类型逐渐设置为犯罪行为，进而改变现行的法律体系。将原本的行政违法行为在极其严格的条件下犯罪化，且不违反刑法的谦抑性。在行政刑法的立法定性模式下，轻微犯罪仍然是司法问题，通过司法程序解决，在司法程序中，行为

---

① 张明楷：《刑事立法的发展方向》，《中国法学》2006年第4期。

人和起诉机关是平等地位,依法享有各种辩护的权利和其他司法上的救济途径。① 这样建立起来的"严而不厉"的刑法结构既有利于保护社会,又便于保障人权,是比较理想的一种刑法模式。② 然而,要实现这样的一个转变,需要具备很多的条件,除了政治权力体制的改革之外,还需要国民思想观念、法律意识的转变,行政法理论的发展等,并且任何一个条件的具备都不是轻而易举的,必然要经历一个漫长的过程。在这漫长的过程当中,我们将要支付很大的成本,承担巨大的风险。但是,正如有的学者所指出的那样,我们乐观地相信,师承苏联以社会危害性程度高低划分违法类型的立法习惯,虽然催生了中国的第一代立法,功不可没,但在我国建设社会主义法治国家新的宏伟目标之下,被克服是无可避免的。我国目前的刑法典和《治安管理处罚法》正是在那样的传统和国情下制订出来的,笔者希望将来众人皆违法的事情不会再发生,粗疏严厉的立法习惯不会再延续,那时我们就可以期待新的刑法典和独立的行政刑法了。③

(二)关于某些情节犯立法不均衡问题的完善建议

第一,那些行为性质并不是非常严重,《刑法》也没有设置定量因素而使罪与罪之间显得不均衡、不协调的罪名,其实就是根据我国《刑法》对定量因素的不同设定方式所划分出来的第三类犯罪。本书将其放在下一个标题下,即第三类犯罪的立法完善中予以论述。

第二,对于某些行为性质已经很严重,或者已经作出其他定量限制,又以"情节严重"或"情节恶劣"加以限定的情节犯,取消其情节严重或恶劣的设置,将其转化为"立法上定性"的类型或者结果犯、数额犯等其他犯罪形态。我国《刑法》分则第273条规定的挪用特定款物罪就是适例,在该条中行为人实施了挪用用于救灾、抢险、防汛、优抚、扶贫、移

---

① 何庆仁:《犯罪化的整体思考》,《刑事法评论》2008年第2期。
② 储槐植:《刑法第13条但书与刑法结构——以系统论为视角》,《法学家》2002年第6期。
③ 何庆仁:《犯罪化的整体思考》,《刑事法评论》2008年第2期。

民、救济款物的行为，因为犯罪对象的特殊性，实施这一类行为本身就已经具有很大的社会危害性，况且《刑法》同时要求实行行为还要致使国家和人民群众利益遭受重大损害，这已经足以使行为的整体达到极其严重的程度而构成犯罪。但是在这种情况下，《刑法》却又设置了"情节严重"这样的定量因素与"致使国家和人民群众利益遭受重大损害"相并列，实属多余，甚至会造成放纵犯罪的危险后果。所以，对于这样的立法设置，应当取消"情节严重"的规定。

对此，有的论者认为，类似的立法例还有1997年《刑法》中第130条对非法携带枪支、弹药、管制刀具、危险物品危及公共安全罪的规定，第290条聚众扰乱社会秩序罪的规定，第291条聚众扰乱公共场所秩序、交通秩序罪的规定，第326条倒卖文物罪的规定等。[①] 笔者认为这种观点值得商榷，这实质上关系到《刑法》分则对情节犯的设定方式问题，该论者所列举的这些立法例，就是本书所归纳的我国刑事立法设置方式分类中的第三类情节犯，即以一定危害后果和"情节严重或情节恶劣"共同作为定量要素的情节犯。笔者认为，《刑法》之所以将某种严重后果和情节严重并列在一起作为定量因素，说明这类犯罪性质并不是十分严重，要构成本罪除了要有严重后果还需情节严重，如此才能使该行为的社会危害性达到值得追究刑事责任的程度。这是《刑法》对于情节犯的一种合理的设置方式，只有像《刑法》第273条所规定的挪用特定款物罪，由于实行行为加上严重后果已经达到了构成的程度，再设置"情节严重"就显得没必要或者有放纵犯罪之虞时，才应当取消。而论者所说的《刑法》第130条、第290条、第291条、第326条所设的罪名，并不存在这样的问题。

第三，《刑法》第347条第1款对走私、贩卖、运输、制造毒品犯罪的规定，在刑事立法中绝对排除了犯罪定量因素的存在，要求"无论数量多少，都应当追究刑事责任"。这样的刑事立法显然与总则第13条所规定的对犯罪定量的一般概念相冲突，并且司法机关在实践中也不能够按照案

[①] 王梓臣：《刑法中的情节问题研究》，西南政法大学硕士学位论文，2004年。

件的具体情况行使自由裁量权,针对不同的案情做出不同的处理。这样的做法看上去似乎表达了我国《刑法》对走私、贩卖、运输、制造毒品犯罪采取零容忍的态度,实际上并不利于科学有效地打击相关毒品犯罪。对此,笔者认为应该删除《刑法》第437条第1款的上述规定,这样就可以为认定相关毒品犯罪合理地适用定量因素留下空间。

(三) 关于某些情节犯立法随意问题的完善建议

正如德国法学家耶林所言:"刑罚如两刃之剑,用之不得其当,则国家与个人两受其害。"这说明,刑罚权必须是在极其严格的条件下,以极其谨慎的态度行使。在立法上确立犯罪是发动刑罚权的前提条件,所以,刑法在对犯罪行为进行立法时,必须本着全面、慎重、细致的态度,使用的语言必须尽可能地明确严谨、逻辑清晰,方能做到对犯罪行为的表述科学、合理。

我国现行《刑法》中的某些规定,明显缺乏科学的分析和论证,在语言表达上存在着不少疏漏之处。例如,《刑法》第441条对遗失武器装备罪的规定:"遗失武器装备,不及时报告或者有其他严重情节的,处三年以下有期徒刑或者拘役。"本罪的实行行为从法条表述上看是遗失武器装备的过失行为,其后又将另外一种行为即不及时报告故意行为,作为其成立犯罪的一个选择条件。这就意味着遗失武器装备并不及时报告,就可以成立犯罪。但是在这种情况下,其实行行为究竟是指哪个行为呢?是遗失武器装备的行为,还是不及时报告的行为,抑或是这两者一起?难免让人生疑。因为犯罪对象的特殊性,本罪要比《刑法》第129条所规定的丢失枪支不报罪在性质上严重一些,但是本罪是过失犯罪。所以,在刑法配置了相同的法定刑的情况下,不妨将本罪修改为"遗失武器装备,造成严重后果的,处三年以下有期徒刑或者拘役",使其表述的既严谨又符合过失犯罪结果犯的特点。对于其他三个过失犯罪,即第398条规定的过失泄露国家秘密罪、第409条规定的传染病防治失职罪、第432条规定的过失泄露军事秘密罪,由于刑事立法的疏漏而将其表述为情节犯的形式的,应当和本罪一样,删除其"情节严重"或"情节恶劣"的规定,还其作为过失犯罪结果犯在理论上的本来面目。

(四) 关于某些单位实施情节犯处罚低于自然人的立法完善建议

对于《刑法》第180条所规定的内幕交易、泄露内幕信息罪,在设置法定刑时,规定单位主体实施的本罪处罚要低于对自然人犯罪主体的处罚。但是,在理论上并没有发现这种立法的合理性依据,笔者认为应当基于对法益同等保护的原则,对侵犯相同法益的犯罪行为设以相同的处罚幅度,这是刑法公正价值的要求和体现。所以,应当在本罪中,将单位犯罪的处罚幅度设定得与自然犯罪主体一样。

(五) 关于某些数额犯、结果犯的立法完善建议

刑法规范要具有普遍适用性与稳定性,因此《刑法》分则罪状表述中的定量因素不宜过于具体,应具有一定的概括性。否则,会使《刑法》难以适应实践的发展,导致《刑法》适用的僵化,不利于司法的公正。但我国《刑法》,有的定量因素甚至精确到具体的数额,如《刑法》第383条的规定:"贪污或受贿数额在5000元以上或者不满5000元但情节严重的认定为犯罪。"若不对这种过于僵化的定量标准加以修改,只会产生两种后果:一是司法者仍然适用《刑法》的规定,形式上达到了公平,而牺牲了实质的公平正义;二是司法者为了追求实质的刑罚的正义而放弃了形式的公平,造成立法与司法的不统一。这两种结果都是在现代法治社会所不应当存在的。因此,必须对《刑法》中过于僵化的定量标准进行修改,以行为给社会造成的危害的量而非以具体的数值为核心设定量化要件,保障形式公平与实质公平的统一性。[①] 所以,对于这些同样作为立法定量产物的数额犯、结果犯等犯罪,应该根据社会形势的变化及相关犯罪的特点和规律,将其修订为情节犯。

---

① 董红:《中国刑法中的犯罪定量因素研究》,华东政法大学硕士学位论文,2012年。

四、第三类犯罪的立法完善

第三类犯罪就是那些性质相对较轻,但刑法由于立法遗漏并未对其设置定量因素的犯罪。据有的论者统计,这一类犯罪在我国《刑法》分则中有如下立法例[①]:第245条第1款规定的非法搜查罪;第245条第1款规定的非法侵入住宅罪;第253条第1款规定的私自开拆、隐匿、毁弃邮件、电报罪;第353条第1款规定的引诱、教唆、欺骗他人吸毒罪;第354条规定的容留他人吸毒罪和第359条第1款规定的引诱、容留、介绍卖淫罪;第280条第1款规定的伪造、变造、买卖国家机关公文、证件、印章罪;第280条第2款规定的伪造公司、企业、事业单位、人民团体印章罪;第280条第3款规定的伪造、变造居民身份证罪;第303条第1款规定的赌博罪;第312条规定的掩饰、隐瞒犯罪所得、犯罪所得收益罪;第320条第1款规定的提供伪造、变造的出入境证件罪;第320条第1款规定的出售出入境证件罪;第323条规定的破坏界碑、界桩罪;第323条规定的破坏永久性测量标志罪;第412条第1款规定的商检徇私舞弊罪;第413条第1款规定的动植物检疫徇私舞弊罪。

这一类犯罪,虽然在形式上属于立法定性,但是由于其危害性质相对较轻,就我国目前刑事立法的整体情况和现阶段国民的法律观念来说,不宜继续保留。正如有的论者指出的那样,应该补足立法中未规定定量因素的罪状[②]。具体来讲,可以根据不同犯罪的性质和特点将其设定为情节犯、结果犯、数额犯、目的犯等犯罪形态。

[①] 秦晓:《犯罪构成中的定量因素研究》,广西民族大学硕士学位论文,2009年。
[②] 董红:《中国刑法中的犯罪定量因素研究》,华东政法大学硕士学位论文,2012年。

第三章

情节犯与犯罪构成理论辨析

第一节 不同定量模式下的犯罪构成理论

一、大陆法系犯罪构成理论概述

犯罪构成一词在我国的刑法理论中,通常是指成立犯罪所必须具备的全部条件。德、日等大陆法系国家,并不直接使用"犯罪构成"这样的术语,多数学者在理论上通常将犯罪的成立条件表述为行为具备构成要件符合性、违法性、有责性这样的理论体系,也就是所谓的三阶层、递进式的犯罪成立体系。

符合性是第一层次的犯罪成立要件。所谓构成要件符合性,是指某种行为符合刑法所规定的构成要件的情况。构成要件通常是指刑罚法规所规定的犯罪类型,或者说是犯罪轮廓的观念形象。它是立法者对现实社会中各种各样的反社会行为,进行归纳、取舍而形成的刑法上的犯罪定性。构成要件的具体内容在理论上通常被称为构成要件要素,一般认为,行为、行为对象、结果、因果关系、行为的状况与条件、故意或过失、目的、内心倾向等,都是构成要件要素。相对于现实中个别的、具体的犯罪现象,构成要件是抽象的、概括的理论观念,其显然有别于符合构成要件的事实。构成要件符合性的判断，是一种价值观关系的事实判断，是一种抽象的、定性的判断，或者说是用一种抽象的、定性的基准进行的判断。①

违法性是第二层次的犯罪成立要件。犯罪行为形式上是符合构成要件的行为，实质上是法律所不允许的行为，即违法的行为。所谓违法，就是指行为违反法律，即行为为法律规范所不允许。在德、日刑法理论中，根据前述三阶层、递进式的犯罪成立体系，要判断是一个行为是否构成犯罪，首先要进行的是构成要件符合性的判断，如果行为不符合刑法所规定的构成要件，即不具备构成要件的符合性，那么就没有必要进行违法性的判断。如果行为具备构成要件的符合性，则要进行违法性的判断。因为构成要件是违法行为的类型，所以，符合构成要件的行为，原则上就具备违法性。只有在例外的情况下，即行为存在违法性阻却事由的情况下，才排除行为的违法。所以，对行为违法性的判断，实际也是对行为是否存在违法性阻却事由的判断。相对于构成要件符合性的判断，违法性的判断是一种具体的、非定性的价值判断。根据大陆法系各国的刑法规定和理论研究，违法性的阻却事由主要包括：正当防卫、紧急避险、执行命令、履行职务的行为，以及正当业务行为、自损行为、被害人的承诺等。

有责性是第三层次的犯罪成立要件。所谓有责性，是指能够对行为人实施的符合构成要件的违法行为进行非难和谴责。行为人的行为只有在具备了构成要件的符合性、违法性之后，才能够进行有责性的判断。有责性的判断是一种以行为人的非难可能性为内容的，具体的、非定性的价值判断。责任的要素包括责任能力、故意责任、过失责任、违法性认识及期待可能性等内容。通常情况下，行为在同时具备构成要件的符合性、违法性、有责性的条件时，就可以认定犯罪成立。

---

① 张明楷：《外国刑法纲要（第二版）》，清华大学出版社2007年版，第86页。

二、大陆法系司法定量的理论依据

由于大陆法系国家在其刑事立法中对犯罪的成立仅作出定性的规定，并没有对犯罪成立的定量因素作出规定，所以，其三阶层、递进式的犯罪构成理论在司法实践中同样也面临着轻微犯罪行为应该如何处理的问题，进而为司法机关排除轻微行为的犯罪性，实现"司法定量"提供理论上的支撑。正如有的论者所指出的，大陆法系递进式犯罪构成理论对行为进行了三个层次的判断，具有很强的层次性和立体感，对犯罪的成立、犯罪先后通过构成要件该当性、违法性、有责性逐步排除，将犯罪的成立范围从立法上仅仅定性，转变为定性与定量的结合与统一，最终达到合理认定犯罪的效果。可见，在大陆法系国家，虽然刑法上仅仅对犯罪做了定性的规定，但是犯罪成立的实际范围仍是存在量的限制的。更重要的是，该犯罪成立的理论体系在实现司法定罪的过程中，对司法权形成了合理的自我约束机制，在满足罪刑法定原则要求的同时，最大限度地实现了刑法保护社会和保障人权双重功能的兼顾。① 从理论上进行分析，大陆法系在司法定量的过程中，将轻微行为排除在犯罪的界限之外，主要的理论依据一般认为有如下几个方面：

（一）实质的违法性理论

实质的违法性理论是与形式的违法性理论相对应的、对行为的违法性进行判断的学说。形式的违法性是指行为违反实定法规范，违反法的命令或禁止。形式的违法性将违法性理解为在形式上违反实定法，虽然容易被人理解，但是没有揭示违法性的内容。实质的违法性理论是对违法性在实质上的进一步判断，对实质的违法性的理解，理论上主要有两种学说：法益侵害说与规范违反说。法益侵害说认为，违法性的实质是对法益的侵害

---

① 白利勇：《论定量因素在我国犯罪构成中的定位基于我国犯罪构成理论完善的视角》，《湖南公安高等专科学校学报》2010年第6期。

与威胁,认为实质的违法性是指行为"对社会有害"(反社会的或者非社会的),"是侵害社会的举动",是"对法益的侵害或者威胁"。① 规范违反说则认为,违法性的实质是违反法规范或违反法秩序,或者是对国家所倡导的文化规范的背反。② 实质的违法性理论本身虽然并没有直接涉及犯罪定量因素,但是根据该理论,违法性已经不仅是在形式上违反实定法规,在实质上也侵害或者威胁法所保护的利益,或者被解读为对实定法规精神、目的,甚至是国家文化的违反。这种对违法性从形式到内容的考察,有利于对违法性进行程度上的区分,即可以根据违法性程度的高低将违法行为划分为严重违法行为和轻微违法行为。这就为对犯罪定量因素的研究在理论上提供了前提。近些年,实质的违法理论逐渐被应用于对刑法的解释,通过对具有构成要件符合性的行为进行实质性的解释,排除轻微行为的违法性,最终将这些行为限定在犯罪的成立范围之外。

(二) 可罚的违法性理论

所谓可罚的违法性,是指刑法上的违法性不同于其他的部门法领域,必须是在量上具有一定的严重程度,在质上值得科处刑罚的违法性。③ 根据该理论,某种行为即使在形式上符合构成要件,也不具有违法性阻却事由,但是如果不具备可罚的违法性,也不能认定为犯罪。日本学者首先提出了可罚的违法性理论,他们认为"在以实现所谓分配的正义为基本理念的刑法中,只要触犯刑法,无论什么都处罚,这绝不是好事。只应当处罚值得处罚的行为,这是在法的实际运用中各国自古就采取的态度"④。通常认为,可罚的违法性理论的存在根据有两个:刑法谦抑性和实质的违法性理论。由于刑罚的严厉性和一旦错用难以纠正的特点,决定了在认定犯

---

① [德] 弗兰茨·冯·李斯特:《德国刑法教科书》,徐久生译,法律出版社2000年版,第201-202页。
② 张明楷:《外国刑法纲要(第二版)》,清华大学出版社2007年版,第142页。
③ 张明楷:《刑法学》,法律出版社2012年版,第148页。
④ [日] 大塚仁:《犯罪论的基本问题》,冯军译,中国政法大学出版社1993年版,第120页。

罪、适用刑罚的时候必须是严格而又谨慎的。只有在其他社会规范、法律规范对侵害或威胁法益的行为不能提供足够的保护时，才能适用刑罚。刑罚的发动并不针对所有的违法行为，只有那些违法性程度较高的行为才能适用。实质的违法性理论认为，违法是对法益的侵害或威胁，是对法秩序、法目的的违反，违法性具有程度之分。刑事违法和一般的违法行为在质和量上均有明显的区别，所以，违法程度轻微的行为，即使具备构成要件符合性和有责性，也不能认为其具有刑事违法性并作为犯罪来处理。虽然德、日刑法理论对于可罚的违法性理论在犯罪论体系上的地位还存在争论，但是，该理论已经明确地体现了德、日等国家的刑法理论对于犯罪定量因素的关切，并且在司法实践中也得到了直接的体现。

（三）社会相当性理论

所谓社会相当性理论，是指那些在通常情形下本来属于违法的法益侵害或危险行为，只要符合了历史形成的国民共同的秩序而与社会生活相当，则可以排除行为的违法性的理论。社会相当性理论与前述可罚的违法性理论一样，其理论依据都是刑法的谦抑性和实质的违法性理论。根据该理论，拳击、摔跤中的竞技行为，外科手术，科学实验等，这些行为虽然会造成一定的伤害或者有造成伤害的危险，但是因为得到了社会的认可，并且也没有违背善良风俗习惯和社会公共秩序，应当被认为是正当的行为。只有那些与社会相当性相背离或者超越了社会相当性的行为，才应被认为是违法行为。根据该理论，反社会行为可以分为三类：一是具有社会相当性的行为；二是轻微脱离或者超越社会相当性的行为；三是严重脱离或者超越社会相当性的行为。第一类行为虽然对法益造成了侵害或者威胁，但是因为其具有社会相当性，所以不能作为犯罪来处罚。而那些轻微脱离或者超越社会相当性的行为，虽然也可能在一定程度上侵犯法益，并且为一般社会秩序所不能认可，但是因为其脱离或超越相当性的程度没有达到值得科处刑罚的程度，所以只能作为一般的违法行为来处理。只有那些严重脱离或超出一般社会秩序的行为,才应当被犯罪化。① 由此,司法机关在对具体的行为进行判定的时候,对于那些虽然在形式上具备了犯罪成立的条件,但是并没有严重地脱离或者超越社会一般的正常秩序的行为,可以根据该理论把它们排除在犯罪的成立范围之外。

三、立法定量模式下的我国犯罪构成理论

(一) 我国的犯罪构成理论概述

与我国刑事立法对犯罪采取立法定量模式是师承苏联一样,我国早期的犯罪构成理论也是在特定的历史条件下对苏联犯罪构成理论的移植。苏联的犯罪构成理论从其形成的渊源上来讲,也是直接或间接地来源于大陆法系的德国刑法理论。苏联对于自己的犯罪构成理论的构建是在批判性地概括和改造俄国沙皇时期的犯罪构成理论基础上形成的,而沙皇时期的犯罪构成理论则师承德国。从这个意义上说,苏联的犯罪构成理论也属于大陆法系犯罪构成理论的一个分支。② 但是,苏联的刑法理论工作者所建立的犯罪构成理论,与大陆法系国家在理论上居于通说地位的三阶层、递进式的犯罪构成理论并不相同。到20世纪60年代,苏联的理论界对犯罪构成理论的研究才基本定型。该理论认为:犯罪构成是苏维埃刑法规定的说明社会危害行为特征的诸要件的总和。这些要件是:①犯罪客体;②犯罪构成的客观方面;③犯罪主体;④犯罪构成的主观方面。③

20世纪50年代,我国几乎全盘接受了上述苏联犯罪构成理论,理论界尚未来得及进行深入研究,就因为一些原因而被迫终止。我国理论上对于犯罪构成理论所进行的深入而又富有成效的研究,始于党的十一届三中全会之后。随着党和政府对法治建设的重视及法学教育的繁荣,刑法学界对犯罪构成的研究取得了巨大的进步,也产生了丰硕的研究成果。特别

---

① 于改之:《社会相当性理论的机能》,《武汉大学学报》(社会科学版) 2007 年第 5 期。
②③ 侯国云:《犯罪构成理论的产生与发展》,《南都学坛》2004 年第 4 期。

是随着大陆法系刑法理论的引进,我国理论界对犯罪构成的认知、反思、批判和重构的研究,达到了前所未有的高度。但是,在理论上占据通说地位的犯罪构成理论,仍然是前述的师承苏联、以四大要件为基本构成特征的犯罪构成理论。该理论认为,所谓犯罪构成是我国《刑法》规定的,决定某一行为的社会危害性及其程度而为该行为构成犯罪所必须具备的一切客观要件和主观要件的有机统一整体。它具有形式上的法定性、内容上主观和客观的相统一性、认定时的刑事违法和社会危害性相统一的特征。[①]根据该理论,某一行为要构成犯罪,必须同时具备犯罪客体要件、犯罪客观方面的要件、犯罪主体要件和犯罪主观方面的要件,缺一不可。对于犯罪构成这四个方面又包括哪些因素,根据《刑法》的规定还可以进行新一个层次的区分,在理论上一般将其称为构成要件要素。这些构成要件要素从宏观上又可以划分为主观要素和客观要素。针对具体的犯罪来讲,其犯罪构成究竟需要具备哪些具体的要素,则应该根据犯罪的性质和刑事立法的规定进行确定。但是,无论这些构成要素分布在犯罪构成哪个方面,某一行为只有同时具备上述四个方面的要件才可以构成犯罪。

(二) 我国犯罪构成理论中的定量因素研究

正如有的学者所评论的,我国的犯罪构成理论与大陆法系三阶层的犯罪构成模式明显不同。大陆法系三阶层犯罪构成理论好比是一座倒立的金字塔,即在对一个行为进行判断时,要经过构成要件符合性、违法性、有责性三个层次的判断,这犹如三个叠加起来的筛子。经过三层过滤,最后"漏"下来的是犯罪行为,否则不是犯罪行为。[②] 笔者认为,这个比方打得非常形象和妥帖,体现了外国刑法在认定犯罪时层层剥离、严格慎重的制度设置,该犯罪认定方式有利于防止不当地扩大犯罪成立的范围。上述我国的犯罪构成理论,在理论上被称为"平面式"或"耦合式"的犯罪构

---

① 马克昌:《刑法》,高等教育出版社2007年版,第39页。
② 高星照、梅象华:《犯罪构成理论的反思》,《菏泽学院学报》2009年第1期。

成，把犯罪成立需要具备的要件划分为四个方面，行为缺少其中任何一个方面的要件，就不能构成犯罪，并且这四个方面的要件不分先后，犹如支起一座房屋的四堵墙，因此我国犯罪构成体系又称为"围墙式"的构成体系。① 对于我国这种平面式的、耦合式的犯罪构成理论，很多学者进行了批判。如有的学者认为，我国的犯罪构成对于犯罪行为的客观与主观评价、积极判断与消极判断、违法判断和责任判断是一次完成的。在这样的概括性评价中，因为缺乏应有的区分，致使实质违法阻却事由和责任阻却事由无法得到应有的观照和展开。还有的论者指出，原"四要件"体系确实存在一定的弊病，我国耦合的犯罪构成理论具有平面化的特点，四要件之间具有密切的联系，缺一不可，事实判断和价值判断、形式判断和实质判断是一次完成的，相关定量因素、正当行为、期待可能性等出罪因素在犯罪构成理论中没有立足之地，不存在刑罚权的自我制约机制，从而限制了犯罪构成理论人权保障功能的发挥。因此，要实现对现行犯罪构成理论的完善就必然要将"平面"的犯罪构成理论体系"立体化"。②

从立法史上看，基于特殊历史条件下政治的、社会的原因，中华人民共和国成立以来的刑事立法，特别是刑法典的制订和修订，都师承苏联的刑事立法。其中两个重要的特点和内容，就是对于犯罪定量因素的设置模式采取"立法上定性又定量"的模式和以四大要件为基本内容的平面式犯罪构成理论。与之相同的是，我国以对刑事立法进行注释研究为首要任务和内容的刑法理论，也几乎全部移植于苏联的刑法理论。虽然现在我国理论界针对现行的刑事立法和刑法理论中存在的缺陷和不足所进行的批判经久不息，主张全盘移植德、日的刑事立法模式和刑法理论的声音也不绝于耳，但是，笔者仍认为，刑事立法和刑法理论的改革和变迁是一个系统工程，先要确立一个大致的方向，然后再有计划、有步骤地逐步转变，绝不是一朝一夕所能完成的。在现行刑事立法未变的情况下，我们要在理论上

---

① 高星照、梅象华：《犯罪构成理论的反思》，《菏泽学院学报》2009 年第 1 期。
② 白利勇：《论定量因素在我国犯罪构成中的定位——基于我国犯罪构成理论完善的视角》，《湖南公安高等专科学校学报》2010 年第 6 期。

对犯罪构成中的定量因素进行研究，也只能立足于现行《刑法》和我国现有的犯罪构成理论。

首先，刑法理论的首要任务就是对刑事立法做出合理的解释，为《刑法》的正确适用提供理论上的支持。从这个角度可以认为，刑事立法的构建形式和内容已经决定了刑法理论的形式和内容，特别是解读刑事立法并指导司法实践的犯罪构成理论，更是取决于刑事立法的规定。因为我国刑事立法从形式到内容都师法苏联，那么对情节犯的解读就不可能按照大陆法系的三阶层、递进式的犯罪构成理论来进行，两者根本上属于两个不同的理论系统。我们只能使用与之匹配的也同样是来自苏联的刑法理论来分析刑事立法。这也是前述大陆法系司法定量的理论依据不能直接为我国所用的根本原因。事实上，长期以来我国的理论研究和司法实践也均是以前述的平面式、以四大要件为构成内容的犯罪构成理论对犯罪进行研究和认定的。所以，在我国刑事立法对于犯罪定量模式没有做出改变，以及对犯罪成立条件的相关设定没有做出修订的情况下，不宜也无法直接套用大陆法系的刑法理论对之进行解读。

其次，笔者认为现今居通说地位的平面式的犯罪构成理论，也可以容纳犯罪的定量因素，只是学界对它的研究没有深入或者没有达成共识而已。在我国立法定性又定量的背景下，《刑法》分则所设置的罪名都要求其社会危害性程度在量上达到相当严重的程度，才能构成犯罪。既然我国的犯罪构成是对犯罪成立所需具备的要素作出的一次性的概括，那么在逻辑上，犯罪构成理论本身就必然要包括或容纳犯罪的定量因素。否则，就脱离了刑事立法。事实上，我国刑法理论在对犯罪构成下定义时，已经表达了对定量因素的关切，把犯罪构成表述成"……决定某一行为的社会危害性及其程度的……有机统一体"。分则所设置的每一个具体罪名，在理论上都有一个与之相对应的犯罪构成。作为"立法定性又定量"模式的产物，我国《刑法》分则根据影响罪量的因素如结果、数额、目的、情节等，将很多罪名设置为结果犯、数额犯、目的犯、情节犯等犯罪形态。在理论上，对于结果犯、数额犯、目的犯的犯罪构成，应该在其犯罪构成的某一方面对这些定量要素做出相应的要求，否则就无法认定该种犯罪。例如，刑法结果犯的成立规定了行为在客观上必须要造成一定的结果，那么在犯罪构成理论中也就必须在犯罪的客观方面对危害结果作出相应的要求，否则就不能称之为本罪的犯罪构成。只不过情节犯与结果犯、数额犯、目的犯相比，因为其具体内容并不确定，需要综合评价才能确定。但是，其在犯罪构成中也必须体现出来，也即所有的定量要素在犯罪构成中都应该有其存在的空间和位置。为了更好地对刑事立法进行解释，以有效地为司法实践提供理论上的支持，如何在我国现有的犯罪构成理论中，给诸如"情节严重""情节恶劣"等犯罪的定量要素一个合理的定位并进而确定其与行为人主观方面的关系，就成了一个必须面对和解决的问题。但是，我国理论界对此并没有达成共识。本书将在现有研究成果的基础上，尝试对之进行分析论证。

第二节 "情节严重"的理论定位与主观认知

如前文所述，"情节严重"或"情节恶劣"在情节犯中作为定量因素，由于能够体现和反映行为的社会危害性和行为人的人身危险性及其程度，所以在功能上发挥的是定罪情节的作用，进而决定了行为罪与非罪的界限。定罪情节从存在范围上讲，除了包括我国《刑法》规定、认可的定罪情节，还包括基于刑事政策的考量而应当被认定为定罪情节的其他事实。《刑法》规定、认可的犯罪情节，就是《刑法》分则在对具体罪名进行设置时，对某一罪名在社会危害性的量上作出具体规定的情形，如要求造成一定后果、违法数额较大等，这些情形作为定罪情节，应该比较容易被理解。但是，定罪时基于刑事政策考量的影响危害行为社会危害性量的大小的情形，则因为刑事政策本身就具有抽象和概括的特点，有些不好确定。

对于这一点,不妨从我国大量存在的司法解释中,追寻立法者和司法者对这类定罪情节存在范围的认识和态度。

针对我国《刑法》第247条规定的刑讯逼供罪,2006年7月26日最高人民检察院发布的《关于渎职侵权犯罪案件立案标准的规定》指出:"刑讯逼供是指司法工作人员对犯罪嫌疑人、被告人使用肉刑或者变相肉刑逼取口供的行为。涉嫌下列情形之一的,应予立案:1. 以殴打、捆绑、违法使用械具等恶劣手段逼取口供的;2. 以较长时间冻、饿、晒、烤等手段逼取口供,严重损害犯罪嫌疑人、被告人身体健康的;3. 刑讯逼供造成犯罪嫌疑人、被告人轻伤、重伤、死亡的;4. 刑讯逼供,情节严重,导致犯罪嫌疑人、被告人自杀、自残造成重伤、死亡,或者精神失常的;5. 刑讯逼供,造成错案的;6. 刑讯逼供3人次以上的;7. 纵容、授意、指使、强迫他人刑讯逼供,具有上述情形之一的;8. 其他刑讯逼供应予追究刑事责任的情形。"在该规定当中,第1、第2、第3项是从行为手段或者行为造成的后果方面作出的限定,应当属于犯罪构成的范围,行为人在主观上也应当存在认识,这一点应该不难理解;而第4项中虽然有一定的危害后果出现,但是因介入被害人的行为而引起的;第5项中的造成错案,也需要介入法官的审判行为;第6项仅仅是对危害行为次数上的规定;第7项中纵容、授意、指使、强迫他人刑讯逼供的行为也要以刑讯逼供罪认定。从第4项到第7项规定的这些情形,应当被理解为最高司法机关基于刑事政策的考量而总结设立的定罪情节。刑讯逼供罪虽然不是本书所研究的情节犯,但是司法机关对于定罪情节所做的司法解释对情节犯中"情节严重""情节恶劣"认定具有重要的参考价值。在《刑法》对犯罪的成立仅做"情节严重"或"情节恶劣"的限制规定时,如果最高司法机关所作的司法解释中也出现将被害人或其他第三人的过错行为、行为次数等因素作为定罪因素来认定犯罪的成立范围,或者在没有相关的司法解释的情况下,我们的法官参照前述司法解释的精神,也将被害人或其他第三人的过错行为、行为次数等因素作为定罪情节来追究行为人的刑事责任,那么这些基于刑事政策考量的定罪情节在犯罪构成中的地位如何,是否需要行为人对其有认识等,都应当成为理论研究的对象。

笔者认为,理论上关于犯罪的定量因素在犯罪构成理论中应当如何定位以及主观认识内容的各种学说,都应当涵盖上述《刑法》规定、认可的定罪情节和基于刑事政策考量而作为定罪情节的情形,都应当对上述两个问题做出回答。理论上的主要学说如下:

一、非构成要件说

对于情节犯之"情节严重""情节恶劣"等定量要素的描述,在理论上是否属于构成要件的内容,我国理论界在早期有许多学者都认为情节犯之定罪情节不是构成要件,但是具体理由各不相同。第一种观点认为,定罪情节不是犯罪构成要件,而是从犯罪构成基本要件的程度上把握的成立犯罪的条件。[①] 第二种观点认为,当《刑法》规定"情节严重"或"情节恶劣"才构成犯罪时,定罪情节只是一种提示性规定,难以看成是构成要件。其理由是:①犯罪构成要件一般都只包括主观、客观、主体和客体四个方面,还没人把情节作为犯罪构成的第五个方面。②就《刑法》规定的众多情节来看,有的属于客观方面,有的属于主观方面,有的属于主体方面,还有的属于客体或对象。既然犯罪构成的四个方面都有情节,不好再把情节作为一个独立的要件。③《刑法》分则有的条款只把情节作为区分同一犯罪中的重罪与轻罪的标准,显然不是构成要件。[②] 第三种观点认为,情节是某种犯罪成立的依据之一,但不属于犯罪构成的某一个要件,因为情节对是否构成犯罪只起量的作用,而判断是否成立犯罪是从质和量统一的立场出发的。[③] 第四种观点认为,情节不是犯罪构成的要件,因为犯罪构成的每一部分都有各自的情节,情节不是与要件并列的关系。[④] 因为

---

① 敬大力:《正确认识和掌握刑法中的情节》,《法学与实践》1987年第1期。
② 高铭暄:《中国刑法学》,中国人民大学出版社1989年版,第83页。
③ 赵炳寿:《刑法若干理论问题研究》,四川大学出版社1992年版,第348-351页。
④ 赵廷光:《论犯罪构成与罪名确定》,《法学》1999年第5期。

"情节严重"或"情节恶劣"根本不属于犯罪构成要件的内容,显然也不需要在主观上对之有认识。

笔者认为,上述否定"情节严重"或"情节恶劣"属于犯罪构成要件内容的各种观点,在理论上都存在这样或那样的问题。第一,根据我国的刑法理论,犯罪构成是对行为构成犯罪所需要的条件的总和,行为只要符合犯罪构成就说明行为已经构成犯罪,除此之外不需要其他的条件。第一种观点一方面不承认定罪情节是犯罪构成要件,另一方面又认为定罪情节是犯罪构成基本要件在程度上予以把握的成立犯罪的条件。这种观点显然不符合犯罪构成的基本原理,并且观点本身自相矛盾、逻辑混乱,实不足取。第二,我国的犯罪构成依据平面式的犯罪构成理论,有别于大陆法系三阶层、递进式的犯罪构成理论,是一次性地把犯罪成立的条件列出一个清单。除此之外,对犯罪的认定不需要考虑其他因素。第二种观点认为"情节严重"或"情节恶劣"是一种提示性规定,不能看成是犯罪成立的要件,虽然指出"情节"具有概括性、模糊性的特点,以及情节在立法上还具有其他方面的功能和作用,但是所有这些理由并不足以说明为什么要在犯罪构成之外,还需要这样一种提示性的规定。显然,第二种观点与犯罪构成的基本理论也是相矛盾的,也不能成立。第三,第三种观点虽然能够认识到情节在犯罪构成中起量的作用,但是其也是自相矛盾的。因为该观点一方面认为情节是某些犯罪成立的根据,另一方面又认为其不属于犯罪构成的任何一个方面。既然是犯罪成立的根据,那么为什么又不属于犯罪构成呢?该观点并没有给出合理的答案。第四,第四种观点虽然指出构成要件要素和构成要件本身并不属于同一层次的概念,但是也没有正确处理情节的理论定位问题。因为情节本身虽然不能作为一个单独的构成要件,但是这并不妨碍其归属于构成要件的某一方面而成为犯罪构成的组成部分。虽然危害行为不能和犯罪的客观方面并列,但危害行为却仍然可作为任何犯罪在犯罪客观方面必须具备的要素,而成为构成要件的内容。所以,这种早期的观点表述相对粗糙,并且与刑法的基本原理相冲突,在今天看来已经没有理论上的说服力。

二、整体性评价要素说

该学说所称的整体性评价要素,指的就是在《刑法》分则中作为犯罪成立条件的"情节严重""情节恶劣"。该学说认为,倘若认为构成要件是违法类型,那么,构成要件所描述的事实的违法性,必须达到值得科处刑罚的程度。分析我国《刑法》分则的条文可以发现,当分则条文在罪状中,对行为的一般性描述无法使行为的整体达到值得科处刑罚的程度时,往往会通过强调某个构成要素,进而使行为的违法性程度得到提升。可是,社会生活中存在着许多这样的侵害法益的行为,即其违法性在通常情况下并没有达到值得科处刑罚的程度,但是又不能通过强调某一个特定的要素而使行为的违法性达到这种程度,又或者是因为难以预见所有的能够影响行为违法性的情形,又或者是虽然能够预见,但是在立法上不能作简短表述。于是,立法上就做了一个整体性的规定,即使用"情节严重""情节恶劣"来表述对其违法性程度的要求。也就是说,当行为符合了刑法中所规定的构成要件的基本要素之后,并不意味着行为的违法性就达到了值得科处刑罚的程度,在此基础上还需要根据案情的事实,对行为作出整体上的评价,"情节严重""情节恶劣"就是这种整体性的评价要素。从理论体系上讲,它们属于构成要件要素。在行为人的主观方面,该学说认为只有在行为人对客观上存在的侵害法益的严重情节具有非难的可能性时,才能将该严重情节归责于行为人。既然如此,就不存在一种单纯的主观方面的情节严重的情形。换言之,作为构成要件要素的"情节严重",只能是指表明法益侵害程度的客观上的"情节严重",主观上的动机卑鄙等并不属于"情节严重"的范围。所以,根据现代刑法责任主义的立场,在故意犯情形下,要求行为人对表明"情节严重"的前提事实在主观上具有认识;在过失犯的情形中,要求行为人在主观上对表明"情节严重"的前提事实具有认识的可能性。①

---

① 张明楷:《刑法学(第四版)》,法律出版社 2011 年版,第 127-128 页。

笔者认为,该学说对于情节犯立法缘由的论述,与本书所述的在"立法定性又定量"的模式下情节犯产生的理由是相同的,该学说所认为的"条文对罪状的一般性描述",就相当于"立法定性又定量"模式下《刑法》对于犯罪行为性质的规定,即定性的规定。该学说把本书中作为定量要素来解读的"情节严重""情节恶劣"称为整体性评价要素,并且认为这一整体性评价要素也属于构成要件的内容,承认其在犯罪构成理论中的地位,还要求行为人在主观上对这些整体性评价要素至少存在认识的可能性。笔者认为,该学说对于情节犯的这些理解和界定与本书对于情节犯的立场基本一致。这样的界定符合我国刑事立法的现状和刑法的基本原理,同时,将作为定量因素的"情节严重""情节恶劣"称为整体性评价要素,从探讨定量因素在犯罪构成中的定位的角度来讲,能够清楚明确地反映论者对于该问题的立场,更具有合理性。但是,这种学说在理论上也存在着不足。首先,该学说认为作为整体性的评价要素只能是犯罪构成中客观方面的要素,而不能是主观方面的要素。虽然该论者在其论述当中采取的犯罪构成理论,并非传统的四要件、耦合式的犯罪构成理论,而是递进式、二阶层的犯罪成立体系,我们在此姑且不论不同的犯罪构成理论之间孰优孰劣,但在我国现在的立法背景下,犯罪构成贯彻的是主客观相统一原则,《刑法》规定的既有客观方面的情节,也有主观方面的情节,都从不同的角度反映行为的社会危害性和人身危险性及其程度。在实践中,主客观要素也是结合在一起,很难分开的。客观方面是在主观方面的支配下所实施的行为及其结果,是主观方面的客观化,可以说,已经没有纯粹的客观要素。不管采用何种犯罪构成理论对现行刑法进行解释,都无法将主观和客观完全割裂开来。所以,该学说认为整体性评价要素不包括主观要素在理论上是不能接受的。其次,正如前文所分析的,在我国情节犯的认定过程中,司法解释发挥着极其重要的作用。司法解释所规定的情节有些是出于对刑事政策的考量,这些定罪情节是情节犯定量的重要组成部分,同样需要我们以刑法理论进行分析和认识。对于前述2006年7月26日最高人民检察院发布的《关于渎职侵权犯罪案件立案标准的规定》中第4项到第7项规定的情节该如何认识和定位，该学说并没有进行详细的分析。可以说，该学说在研究对象上存在缺失。最后，需要顺便说明的是，本书认为在理论上不应存在过失的情节犯，基本理由前文已经做出说明，在此不再赘述。而该学说在分析对于整体性评价要素的主观认识时，认为对于过失的情节犯中的定量要素在主观上至少需要具有认识的可能性，可以看出该学说认为在理论上是存在过失的情节犯的，这一点也是其不妥之处。

三、罪体—罪责—罪量说

"罪体—罪责—罪量"实际上是对我国刑法学者陈兴良教授所倡导的犯罪构成理论体系的一种简称。陈兴良教授在其主张的犯罪构成理论中，把犯罪构成要件要素在性质上划分为两大类，即表明行为侵害法益的质的构成要件和量的构成要件。其中，质的构成要件又包含罪体部分与罪责部分。罪体部分是犯罪构成的客观方面的要件，包括行为主体、危害行为、行为客体、危害结果、因果关系、客观的附随情状等。罪责部分则是主观方面的要件，有犯罪故意、犯罪过失、主观的附随情状、认识上的错误等。罪量则是表明对法益侵害程度的数量要件，《刑法》中的数额、情节等均属于罪量的表现形式。该学说认为，罪量的产生是由我国刑事立法引进苏联模式造成的，总则的刑法概念和分则很多的具体罪名都体现出对犯罪成立量的要求，以及在罪体与罪责的结构中，犯罪的数量要件虽然是独立于罪体与罪责的第三个要件，但是在性质上却类似于大陆法系刑法理论中的客观处罚条件，它有一个很重要的特征就是不需要行为人对之具有主观上的认识，否则，就会使罪责判断发生混乱。[①]

该学说一方面肯定作为罪量的要件是一个单独的构成要件，即属于犯罪构成理论的组成部分，另一方面又认为行为人在主观上不需要对罪量要

---

① 陈兴良：《本体刑法学（第二版）》，中国人民大学出版社2011年版，第344页。

件具有认识，似乎又否定了其构成要件的地位，有自相矛盾之嫌。因为既然作为罪量要素的情节与数额属于行为的不法或结果的不法，属于某些犯罪不可或缺的要素，显然需要行为人在主观上对之有认识，否则，就不符合我国刑法上主客观相统一的原则。另外，从罪责原则的角度来看，其要求行为人对超出故意范围的不法负责，也存在问题。由于否定罪量要件的构成要件地位，该观点实际上近似于将罪量视为客观处罚条件。[①] 所以，笔者认为，该学说在犯罪构成的构建过程中，把罪量因素与罪责因素隔离开来，且不认为需要对之具有主观上的认识，既不符合刑事立法的规定，又背离了现代刑法的责任原则，并不足取。

四、消极的构成要件说

消极的构成要件说，源于对传统四要件犯罪构成理论的批判。该学说认为，传统的平面式的、以四大要件为构成内容的犯罪构成理论，只是对成立犯罪条件的列举，缺乏相应的出罪机制，使排除犯罪性的正当化事由等在犯罪构成理论体系中没有存在地位，不利于发挥《刑法》的保障机能。所以，为了补救传统犯罪构成理论在体系上的缺陷，该学说主张对传统的犯罪构成理论进行改造，将犯罪成立的条件划分为积极的构成要件和消极的构成要件。积极的构成要件，就是行为要符合犯罪构成要件；消极的构成要件，即不属于"情节显著轻微危害不大""正当防卫"或者不具有"期待可能性"的情形。只有满足积极与消极两方面的规定，行为才能认定为犯罪。[②] 对犯罪定量因素的考察应该分为两个阶段：首先，进行形式判断，即事实判断。根据《刑法》明文规定的定量要求，结合具体要件分别考察，符合《刑法》规定的则认为是犯罪，不符合的则不认为是犯罪。其次，进行实质判断，即价值判断。经过第一次判断后，会有少数行

---

① 王莹：《情节犯之情节的犯罪论体系性定位》，《法学研究》2012年第3期。
② 王政勋：《定量因素在犯罪成立条件中的地位——兼论犯罪构成理论的完善》，《中国政法大学学报》2007年第4期。

为处于"情节显著轻微危害不大"的临界点上下，对于该类行为，则应当对案件全部情节予以考量，最终确定是否认定为犯罪。①

该学说认识到传统的犯罪构成理论在体系上的缺陷，并对之进行改造，明确了出罪要素在犯罪构成理论上的地位，有利于《刑法》保障机能的发挥，可以说具有一定的合理性。但是，正如有的学者分析的那样，把"情节显著轻微"作为犯罪成立消极要件，在这种新的犯罪构成理论体系中也面临着体系结构上的解释困难。② 因为在所谓消极构成要件中，正当防卫、紧急避险都属于排除犯罪性的事由，虽然在表面上符合某些犯罪构成客观方面的要件，但是本质上并不违法，甚至是法律所认可或鼓励的行为，所以应排除这类构成犯罪。情节轻微的违法行为与正当防卫和紧急避险在内容和性质上均不具有等价性。因为情节轻微的行为虽然在量上没有达到犯罪的程度，但是这种行为本身仍然具有社会危害性，是法律所不允许的行为。期待可能性是责任阻却事由，属于责任层面的问题，试图把情节要素像期待可能性那样归入责任层面无从谈起。此外，这种学说也没有对行为人是否需要在主观上对情节要素具有认识表明立场。所以，笔者认为，该学说并没有真正有效解决"情节严重"在犯罪构成理论体系中的定位问题和主观认识问题。

五、客观的处罚条件说

客观的处罚条件，原本是德、日刑法理论上的一个学说。该学说认为，犯罪一旦成立，原则上就会导致刑罚权的产生。但是也有例外，即在某些条件下，行为除了成立犯罪之外，还要求在客观上具备其他事由才能发动刑罚权，这种事由就是客观的处罚条件。这种客观上的处罚条件与行

---

① 王政勋：《定量因素在犯罪成立条件中的地位——兼论犯罪构成理论的完善》，《中国政法大学学报》2007年第4期。

② 王莹：《情节犯之情节的犯罪论体系性定位》，《法学研究》2012年第3期。

为人的故意、过失内容无关。① 虽然大陆法系国家的刑法理论对于客观的处罚条件的性质和地位还存在着激烈的争论，但是主流的观点认为，客观的处罚条件是在行为具备构成要件的符合性、违法性、有责性之外的，发动刑罚权的条件。也就是说，即使不具备该条件，行为也是构成犯罪的。从功能上讲，该条件起到的是限制刑罚权过度行使的作用。显然，按照该学说，行为人不需要对该条件有认识。近年来，我国有部分学者主张借鉴客观的处罚条件理论，将我国《刑法》分则中情节犯之情节与数额犯之数额视为客观处罚条件。②

笔者认为，我国《刑法》中作为情节犯定量因素的"情节严重""情节恶劣"，从行为的社会危害性的程度方面对犯罪的成立范围进行限制，最终也是为了限制刑罚处罚的范围。虽然从功能上讲，其与客观的处罚条件似乎具有相同之处，但是，两者的不同之处也是显而易见的。首先，两者在与犯罪构成的关系上就存在显著不同。客观的处罚条件并不属于犯罪构成体系的要素，行为不具备该条件仍然构成犯罪，只是不能处罚而已。但是，"情节严重""情节恶劣"则是行为要构成情节犯在量上所必须具备的条件，理所当然地属于构成要件要素。不具备"情节严重"或"情节恶劣"要素的行为，肯定不能构成情节犯。其次，对行为人主观上是否需要认识的要求也不相同。客观的处罚条件因为本身不属于构成要件要素，所以，按照理论上通说的观点并不要求行为在主观上对之有认识。我国《刑法》中作为情节犯定量因素的情节，可能属于行为的客观方面，也可能属于行为的主观方面，都属于犯罪构成理论体系的构成要素，理所当然地在行为人主观认识范围之内。例如，根据《刑法》第227条的规定，行为要构成倒卖车票、船票罪，行为人对"情节严重"必须有所认识；根据《刑法》第246条的规定，行为要构成侮辱罪、诽谤罪，也需要行为人对"情节严重"有所认识。

---

① 张明楷：《刑法学（第四版）》，法律出版社2011年版，第367页。
② 王莹：《情节犯之情节的犯罪论体系性定位》，《法学研究》2012年第3期。

六、区别对待说

我国青年刑法学者王莹在其《情节犯之情节的犯罪论体系性定位》一文中对犯罪构成要件问题进行了比较详细的分析论述，区别对待说只是本书对其所主张的立场的概括。该文首先评述了我国理论界对于情节严重在犯罪构成理论中的体系定位和主观认知的各种学说，并对德国刑法中的犯罪量化理论进行了介绍。德国刑法理论中实质违法性学说使违法性的判断有了内容填充与程度变化，"不法成为一个可以定量的概念"。在对刑法进行解释研究及分析符合构成要件的行为是否与法条的目的及其背后蕴含的价值相一致时，量化的思维方法就显得非常重要。即使在大陆法系这种所谓的"立法定性"的模式下，对法益侵害的不法作为也需要进行量化的思考和评价。受到这种量化思想的影响，该文认为，我国的犯罪构成作为法律规范与客观事实之间的理论构建，所反映的不法范围并不是具体确定的，而是结果不法与行为不法在某个相对确定的边界内流动，实践中丰富的个案事实可以将其现实化、确定化。因为符合构成要件的个案事实往往各不相同，它在符合构成要件的同时体现的不法含量也各不相同，所以作为犯罪类型的构成要件总是存在一个自己预设的量域，而每个个案所反映的不法含量总是在这个构成要件所预设的量域内浮动。这样形成的一个基本的构成要件不法含量区间，理论上称为基本不法量域。在我国"立法定性又定量"的模式下，《刑法》规定的数额、情节等因素，就是依附在基本构成要件上的影响行为不法数量的因子，它存在于基本不法量域以内。根据犯罪构成理论中犯罪故意的基本原理，客观上的构成要件应该属于主观故意的认识内容，而数额与情节犯中的情节在被评价时，并不是脱离犯罪构成而存在的，而是附着在构成要件之上的，当然属于行为人主观故意的认识对象。该学说认为，既然"情节严重""情节恶劣""数额较大"等是作为定量要求而存在的情节，并不属于独立的构成要件要素，而是对行为整体在不法的量上是否值得刑罚处罚所做的综合性的要求，与事实性的描述性的构成要件要素显然不同，需要进行价值评判才能对它进行确认，因而属于规范的构成要件要素。鉴于我国《刑法》在设置情节犯时就要求情节具有综合性与规范性这样两种性质，该学说将情节犯之情节称为"整体性规范评价要素"。另外，由于我国司法解释的多样性和复杂性，对于我国司法解释对某些情节所做的那些超出了这个基本不法量域的规定，应当根据其具体情形进行教义学上的分析与定位。根据该观点，这些规定分别属于结果加重犯的情形，或者是属于客观处罚条件的情形，或者是按照其他刑事政策方面的因素考虑而确定的情形。至于在主观方面，这种情况下行为人不需要对之有认识。①

七、本书立场

笔者认为，上述"区别对待说"对于情节犯之情节在犯罪论体系中的定位和主观认知所做的分析，思路清晰，论证严谨，具有很高的理论价值。特别是王莹根据情节犯之情节与犯罪构成的不法量域的关系，将情节犯之情节分为两种不同的情形分别论述，使问题在结构上一目了然，实属理论创新，在研究方法上具有重要的借鉴意义。但是，正如本书已经指出的那样，情节犯作为我国刑事立法定性又定量的产物，产生于我们国家这样一个特定的社会文化环境中，虽然存在这样或那样的不足，但也有其存在的合理性。针对情节犯之"情节严重"的犯罪构成体系定位和主观认知问题，笔者认为它的产生与我们的刑事立法和刑法原理有直接的关系，也完全可以利用这些本土的资源解决这一问题。下面，本书将在借鉴上述"区别对待说"的研究方法和基本结论的基础上，对这一问题展开分析论述。

（一）关于犯罪构成评价范围以内的情节之体系定位和主观认知

笔者认为，上述"区别对待说"中，论者受德国实质的违法性中量化

---

① 王莹：《情节犯之情节的犯罪论体系性定位》，《法学研究》2012年第3期。

思想的影响构建的"构成要件基本不法量域",实际上指的是《刑法》分则具体罪名的罪状在通常情况下所可能包摄的范围,即犯罪构成所可能具有的评价范围。罪刑法定原则要求法条对于罪状的表述尽量清晰准确,但是任何概念都会从其相对明确的核心部分向边缘扩展,以致在其外延部分形成一个模糊地带,这就决定了任何法条都需要进行合理的解释,以便为其适用划定合理的范围。对于情节犯的犯罪构成,也只有进行合理的解释,才能明确其成立范围。应当认为,人们依据汉语语言的基本规则和刑法学的基本原理,在正常、合理的情况下,对法条中罪状的理解,就是犯罪构成的评价范围。

从我国刑事立法对于犯罪定量因素采取"立法定性又定量"的模式出发,本书为了论述的方便,把《刑法》分则具体罪名的罪状,根据其功能不同,人为地分割为定性因素和定量因素。其实,在理论上,对刑事立法概括而形成的犯罪构成理论,是一个有机统一的整体,其对行为的评价应该将定性因素和定量因素结合在一起来完成。在情节犯中,《刑法》在已经设置了定性因素的情况下,采用"情节严重"或"情节恶劣"来表述情节犯的定量因素。"情节严重"或"情节恶劣"依附于定性因素而存在,只有两者有机结合和统一,才能使行为构成犯罪。所以,我们很难也无法从犯罪构成体系中将纯粹的定量因素剥离出来。在这种情况下,对于情节犯中"情节严重"或"情节恶劣"的判断,也已经不再是单纯地对某一犯罪事实的认定,而是在确定案件定性因素的基础上,对定性因素以外的能够影响行为社会危害性程度和行为人人身危险性程度的因素所进行的一种综合性的判断和衡量。这种判断和衡量在性质上是规范性的和价值性的。所以,情节犯之"情节严重""情节恶劣"也就属于规范的构成要件要素。笔者认为,前述第二种学说即"整体性评价要素说"所阐述的就是这种思想。虽然该论者基于其所主张的犯罪构成理论并不认为整体性的评价要素包括主观方面的要素,但是,本书已经在前文对此进行了分析,认为在所依托的四要件的犯罪构成理论中,情节犯之情节应当包括主观方面的情节。同时,笔者还认为没有必要像"区别对待说"那样,将这种情形表述为整体性规范评价要素。

综上,笔者将犯罪构成评价范围以内的情节犯之情节在体系上定位为:整体性评价要素。因为整体性规范评价要素仍然属于构成要件层面,要求行为人对其进行认识。这样一来,就要求行为人认识到其行为属于"情节严重",但由于"情节严重"是规范的构成要件要素,故对于司法解释所规定的"情节严重"的具体情形,不需要行为人进行法律意义上的精确理解,只要认识到行为的情节在一般的社会意义上属于严重即可,此即所谓外行人所处领域的平行评价理论。① 例如,根据《刑法》第246条规定,要构成侮辱罪,必须要求行为人在主观上认识到自己实施的侮辱行为,按照一般的理解已经相当严重,足以对他人造成人格上的伤害。相反,如果行为人在实施客观行为时,主观上只是出于开玩笑的动机,不是有意对他人进行人格侮辱,即使造成一定的严重后果,也不应当将该行为认定为侮辱罪,追究行为人的刑事责任。

(二) 关于超出犯罪构成评价范围之情节的体系定位和主观认知

由于我国《刑法》对犯罪定量因素采取的是"立法定性又定量"模式,情节犯是这种立法模式的产物,《刑法》在对犯罪成立条件的定量因素进行界定时,采取"情节严重""情节恶劣"这样的模糊性词汇来表述。同时,我国《刑法》在对犯罪进行定性规定时采用的也是非常简洁的语言,所以,我国的刑事立法在很大程度上面临明确性的问题。再加上我国法官队伍的整体素质有待提高和现今司法环境中有很多不利于审判权行使的因素,为了指导、规范刑事司法行为,保障刑事司法活动特别是审判活动的公正和效率,法律授权最高人民法院和最高人民检察院就审判和检察工作中如何具体应用法律的问题作出解释。就"两高"已经作出的司法解释来看,有很多就涉及《刑法》定罪情节,如2006年7月26日最高人民检察院发布的《关于渎职侵权犯罪案件立案标准的规定》,其关于刑讯逼

---

① 王莹:《情节犯之情节的犯罪论体系性定位》,《法学研究》2012年第3期。

供罪定罪情节的规定，第1、第2、第3项是从行为手段或者行为后果方面作出的规定，这些情形在犯罪构成评价范围之内，但是其第4项至第7项的规定，就超出了犯罪构成在通常情况下的评价范围。笔者认为，这是因为最高司法机关把基于刑事政策考量的一些事实情形也规定为定罪情节，并且基于刑事政策考量而设的定罪情节具有不同的特点，值得在理论上进行区分。虽然刑讯逼供罪不是本书所说的情节犯，但是最高人民检察院关于刑讯逼供罪定罪情节的司法解释，无疑对我们研究情节犯之情节具有重要的参考价值。虽然"两高"已经对绝大多数情节犯做了司法解释，但是仍有部分情节犯"两高"没有对其作出相应的司法解释，即使是那些已经作出司法解释的情节犯，也往往在司法解释的最后一条，采用和前述司法解释第8项"其他应予追究刑事责任的情形"一样的兜底条款进行概括。所以，对于那些尚未作出和已经作出司法解释的情节犯的定罪情节，有在理论上进行分析和探讨的必要。因为前述2006年7月26日最高人民检察院发布的《关于渎职侵权犯罪案件立案标准的规定》，对刑讯逼供罪所做的司法解释具有代表意义，在这里仍以此为例进行论述。

该司法解释的第4项"导致犯罪嫌疑人、被告人自杀、自残造成重伤死亡的"和第5项"造成错案的"，实质上是在实行行为的发展过程中，介入了被害人或第三人的行为，使原来的因果进程发生偏离。虽然造成了严重的后果，但是并非原来的实行行为所必然导致的。例如，实施刑讯逼供行为，在通常情况下并不会必然导致犯罪嫌疑人、被告人自杀、自残并造成重伤死亡的结果；也不会必然导致法官在审理案件时出现错案。那么，对于这种因被害人或第三人的介入而产生的严重后果，不应当让行为人承担刑事责任。因为这些情形已经非行为人所能控制，超出了刑讯逼供罪犯罪构成的评价范围。正如"区别对待说"所指出的那样，这种情形类似于客观的处罚条件。[①] 这些情形下的定罪情节不属于犯罪构成的要素，行为人在主观上也不需要对之有故意或过失的心理态度。与德、日刑法不

---

① 王莹：《情节犯之情节的犯罪论体系性定位》，《法学研究》2012年第3期。

同的是，这些结果不是行为已经构成犯罪对之发动刑罚的条件，而是作为定罪情节构成犯罪的条件。

根据该司法解释第6项的规定，行为人实施刑讯逼供3人次以上的即使没有造成严重后果，也要追究刑事责任。司法解释作出如此规定的理由应该是行为人多次实施危害行为，表现出较强的主观恶性和人身危险性，刑事政策出于预防犯罪的需要，将这种多次实施危害行为的情形也规定为犯罪。这种情形显然也超出了构成要件的评价范围，行为人在主观上不需要对之有认识。另外，行为人实施危害行为之后的表现、被害人的因素等，也被司法解释视为情节的影响因素，作为判定情节严重与否的依据。如2006年最高人民法院《关于审理未成年人刑事案件的具体应用法律若干问题的解释》第9条，即将未成年人"案发后如实供述盗窃事实并积极退赃"与其他因素一起作为"情节显著轻微，危害不大"的情形。这些案外因素，显然已经超出了构成要件的领域。立法者从遏制犯罪和安抚被害人等刑事政策目的出发，把构成要件之外的因素考虑进来，作为影响犯罪成立的因素。这些因素不具有构成要件的地位，因而不属于"整体性规范评价要素"，自然也不属于行为人故意认识的内容。[①]

该司法解释第7项规定中的情形，也应当以刑讯逼供罪立案。笔者认为，该项规定中纵容行为是指依法负有法定职责对渎职侵权犯进行监管的个人不履行职责，而发生上述情形之一的情况。授意、指使、强迫他人刑讯逼供并导致前述结果产生的行为，显然也超出了犯罪构成的评价范围。但是，这些情形足以表征行为人的主观恶性，并且在客观上也导致了严重的后果。所以，司法解释也是基于有效预防犯罪的需要，将这些行为规定为实行行为，以刑讯逼供罪追究刑事责任。因为行为人纵容、授意、指使、强迫的是"他人刑讯逼供"，所以，在主观方面要求具有认识或者是认识的可能性，否则，就不应当追究行为人的刑事责任。

综上，对于情节犯中"情节严重""情节恶劣"的理论定位与主观认

---

① 王莹：《情节犯之情节的犯罪论体系性定位》，《法学研究》2012年第3期。

知问题，笔者认为，应该首先分析作为定罪情节的事实是否在犯罪构成的评价范围之内。如果在犯罪构成的评价范围之内，那么，这些情节在理论上就属于犯罪构成的要素，即整体性评价要素，在主观上，需要行为人对之有认识或者认识的可能性；如果作为定罪情节的事实超出了犯罪构成的评价范围，则不属于犯罪构成的要素，至于是否需要行为人在主观上对之有认识，则应该根据具体情况进行分析确定。

第四章

情节犯的认定

情节犯的认定,指的是人民法院在查清案件事实的基础上,依照《刑法》的规定和相关的司法解释,对情节犯是否成立所做的判断。由于情节犯在我国刑事立法中属于特殊的立法现象,法条中对犯罪的定量因素的表述采用的是概括性较强的"情节严重"或"情节恶劣"这样的语言,所以相对于数额犯、结果犯等犯罪形态,情节犯认定具有一定的复杂性和难度。情节犯的认定应当包括:罪与非罪界限的确定;在构成犯罪的情况下,确认犯罪是否既遂、是否存在共同犯罪的情况,以及刑事责任的大小;等等。对情节犯的上述内容作出准确的认定,涉及《刑法》的规定、相关的司法解释、刑法学的基本原理、刑事政策、法官的自由裁量权等因素。由于笔者能力有限,并出于对体系的考虑,本书不打算对情节犯的认定内容和涉及的各种因素,进行面面俱到的论述,而是计划对情节犯中情节的存在范围和认定标准、情节犯的未完成形态以及司法解释与情节犯的认定等在认定情节犯时存在较大争议和难度的问题进行论述。

第四章 情节犯的认定

第一节 情节犯之情节的存在范围和认定标准

一、情节犯之情节的存在范围

本书所研究之情节犯，其定量因素通常被表述为"情节严重"或者是"情节恶劣"，与定性因素相结合，作为情节犯成立不可或缺的条件。按照罪刑法定原则成文法主义的要求，刑事立法的规定是认定情节犯的最根本和最重要的依据，但是，正如本书第二章关于情节犯与刑法明确性关系所做的分析那样，就现行《刑法》的规定来看，《刑法》对情节犯的规定在形式上，既规定了定性部分，又规定了定量部分，似乎满足了有法可依的需求。然而事实并不是这样，"情节严重""情节恶劣"本身就具有极强的概括性和模糊性，现行《刑法》中许多对情节犯实行行为的规定也并不清晰明确。可以说，刑事立法并没有充分满足明确性的要求，最终也就不可避免地导致司法机关在认定情节犯时自由裁量权过大，尤其是对"情节严重""情节恶劣"究竟该作何认定，可以说不存在直接、明确的法律依据。最终，也极有可能导致具体实践中司法擅断、侵犯人权。为了弥补上述刑事立法的不足和缺陷，规范法官的自由裁量权，早在20世纪80年代初期，全国人民代表大会的常设机关——全国人民代表大会常务委员会就通过决议的方式，授权最高人民法院和最高人民检察院，对各自审判和检察工作中具体应用法律、法令的问题进行解释。于是，最高人民法院和最高人民检察院根据该授权决议对司法实践中《刑法》的具体应用问题，分别或联合颁布了大量的司法解释。当然，由于情节犯在我国《刑法》分则中占有近1/4的比重，"两高"所做的司法解释中有很多就是针对情节犯的，对

"情节严重""情节恶劣"做了相对明确的规定。但是，仍有部分情节犯，司法解释并没有对之作出规定，即使那些已经作出解释的情节犯，司法解释在解释的最后一条也往往使用"其他应予追究刑事责任的情形"这样的兜底条款进行表述。所以，为了在司法实践中准确地认定情节犯，有必要对那些尚未被最高司法机关作出解释的情节犯的情节进行合理的分析和归纳，也有必要对已经作出的司法解释中关于情节犯之情节的规定及其兜底条款可能的范围，进行理论上的检视。

鉴于本书第三章对情节犯之情节在犯罪构成理论上的体系定位的理解，把情节犯之情节划分为属于犯罪构成评价范围以内的情节和超出犯罪构成评价范围的情节两种类型。下面笔者在理论上也按照这种思路对情节犯之情节所可能存在的范围进行分析。

（一）犯罪构成评价范围以内的情节

犯罪构成理论评价范围以内的情节，指的是那些依附于《刑法》对犯罪性质的规定，体系定位上属于整体性评价要素的事实情况。《刑法》对于情节犯犯罪性质的规定，必须根据《刑法》总则中关于犯罪成立条件的一般规定和《刑法》分则对具体情节犯罪状的特别设置得出，舍弃定量因素，即情节犯犯罪构成的基本要件，主要是对犯罪性质的规定。犯罪构成的基本要件是"情节严重"或"情节恶劣"这些定量事实的存在前提，这些定量因素只有依附于犯罪构成的基本要件才有意义，才能发挥其限制犯罪成立范围的功能，其不可能脱离犯罪性质而单独存在，应当认为在理论上不存在纯粹的定量因素。例如，"行为造成他人的重伤或死亡"表达的只是一种客观事实情况，仅仅依靠这样一种客观事实，我们还不能对行为在法律上做出评价。只有与其行为的性质结合在一起，才能认定行为人对造成他人重伤或死亡的结果，是否应当承担法律上的责任。如果行为人实施的是正当防卫或紧急避险等，在性质上属于排除犯罪事由的行为，那么只要符合《刑法》对排除犯罪事由条件的规定，即使行为人的行为在客观上造成了他人重伤或死亡的结果，也不会因此而承担刑事法律责任，《刑法》对这类行为持的是一种容忍甚至是鼓励的态度。如果这种造成他人重伤或者死亡的结果,是由于行为人所实施的违法行为所引起的,则应该结合《刑法》的相关规定,来综合判断这种行为是否构成犯罪。

犯罪构成评价范围以内的情节,因为与犯罪性质直接相关,通常也在人们对《刑法》关于行为性质所做规定的正常理解和合理预期之内,是认定情节犯"情节严重""情节恶劣"应当首先考虑的情节。因为这些事实情况依附于犯罪构成的基本要件,属于犯罪构成评价范围以内的情节,所以对其的论述也与犯罪构成理论的体系保持一致,把犯罪构成评价范围以内的情节分为四个方面:

第一,犯罪客体方面的情节。犯罪客体在我国刑法理论中,通常是指危害行为所侵犯的社会关系或法益。具体可以划分为三个不同的层次:一般客体、同类客体和直接客体。犯罪客体决定了危害行为的性质,是任何犯罪成立都必须要具备的条件,情节犯也不例外。但是,犯罪现象具有复杂性,一个犯罪行为在侵犯构成犯罪所必须具备的直接客体之外,有时还会侵犯《刑法》所保护的其他方面的社会关系或法益。这种在成立犯罪必须具备的客体之外的社会关系或法益,在理论上通常被称为随机客体,是影响行为社会危害性的一个重要因素。在情节犯的场合,如果行为其他方面的事实已经符合犯罪构成基本要件的规定,那么是否侵犯了随机客体,就成为衡量情节是否严重或恶劣的重要因素。例如,根据我国《刑法》第252条对于侵犯通信自由罪的规定,行为人实施隐匿、毁弃或者非法开拆他人信件的行为,侵犯的直接客体是公民通信自由权利,因为本罪是情节犯,仅仅实施了危害行为,还不能成立犯罪。但是,假如行为人在实施本罪的危害行为时,还造成了被害人信件中的有价证券丢失或损毁,最终因为得不到及时兑换而损失财产的,就会同时侵犯到被害人的财产权。这时,被害人的财产权利就属于本案的随机客体,在不具有其他方面情节的条件下,这种情况的出现应当成为认定行为人的行为在危害程度上是否严重的重要考虑因素。当然,这也只限于行为人对造成他人财产损失主观上是过失的情形,如果行为人打算通过隐匿、毁弃他人信件的方式而侵犯他人财产权，则属于想象竞合犯，应当择一重罪处断。

第二，犯罪客观方面的情节。犯罪的客观方面，是犯罪主观方面的反映，指的是行为要构成犯罪在客观方面所必须具备的条件，其中危害行为是成立任何犯罪都必须具备的要素。除了危害行为之外，犯罪的客观方面还包含着其他的构成要素，这些要素也会在一定程度上影响行为社会危害性程度，在判断情节犯情节是否严重的场合，理应成为判断的对象。经某些论者归纳，犯罪客观方面的情节主要包括以下几个方面[①]：一是行为的手段或方法。行为的手段与方法既包括使用工具的情况，如使用危险性大的工具，或者使用释放后难以控制的自然力实施犯罪行为，与使用危险性较小的工具相比，其行为本身的危险程度就有很大区别；也包括对工具的使用方法，同是使用利器，用残忍的方法实施的杀伤行为，与以一般方法实施的杀伤行为的危害性自然不同。二是行为对象。同样的犯罪工具和行为手段施用于不同的被害人，其表明的危害性程度显然不同。例如，针对没有反抗能力的老、幼、病、残、孕等特殊人群实施侵害，与对具有正常体魄的人实施侵害所造成的危害就不相同。三是行为的时空条件。时空条件往往影响行为的完成可能和行为可能造成的社会影响。在被害人容易得到救助的时空条件下实施行为或在相反的时空条件下实施行为，行为完成的可能不同，行为本身的危险也就不同。在难以被发现的时空条件下与大庭广众之下实施行为所造成的社会影响不同，而社会影响又是社会危害性的重要表现之一。同样的行为在社会治安状况较好的情况下实施与在社会风气不良的社会状况下实施，其对社会的影响也不相同。当然，就行为本身的各种因素来看，它们对行为社会危害性程度的影响不是独立的，它们或者说明行为人的主观恶性程度，或者表现出对社会的客观危害和不良影响，这种说明或影响是值得注意的，尤其是在实际的危害后果与其他状态下的危害后果相同或相似时，行为自身的各种因素就可以作为判断难以具体测量的危险、不良影响的具体参考因素，在说明行为人的主观恶性程度

---

① 李洁：《论犯罪定量因素立法化对法定刑模式的要求——以抢劫罪为实例的研究》，《江苏行政学院学报》2008年第3期。

或行为的社会危害性程度时起作用。四是危害结果。危害行为作用于犯罪客体,使犯罪客体发生改变并造成一定的危害,这是最广义上的危害结果。危害结果能最直观地反映行为的社会危害性,它的表现形式多种多样,根据不同的标准,可以把危害结果划分为不同的种类。以危害结果是否对犯罪对象、犯罪直接客体造成现实的损害为标准,可以把结果划分为实害结果和危险结果。以危害结果的存在形态为标准可以将其划分为物质性结果和非物质性结果。在对情节犯的定量因素进行认定时,应当注意到在不同的案件中危害结果的不同表现形式,特别是危险结果和非物质性结果的特殊性,以准确地考量不同的危害结果在不同的情节犯中对行为的危害程度所可能产生的影响。

第三,犯罪主体方面的情节。犯罪主体既是危害行为的实施者,也是刑事责任的承担者,是所有犯罪成立都必须具备的要件。在我国《刑法》中,存在着两类犯罪主体,即自然人和单位。在犯罪构成的评价范围内,犯罪主体方面能够影响行为的社会危害性程度或者反映行为人人身危险性轻重的因素,主要是行为主体所具有的身份。行为主体的身份,一般是指行为人在实行行为的当时身上所具有的特定的地位、资格或法律状态。行为主体在实行行为时所具有的身份除了决定是否构成犯罪外,即真正身份犯的情形,也会在一定程度上影响行为社会危害性的大小,或者在一定程度上反映行为人的人身危险性轻重。在情节犯的场合,行为主体所具有的特定身份是衡量情节是否严重或恶劣的指标之一。例如,我国《刑法》对国家工作人员或者从事特定职业的人相比一般人提出了更高的注意义务。根据《刑法》第152条对于走私废物罪的规定,逃避海关监管走私固体、液态或者气态废物进入我国境内的,情节严重就可以认定为犯罪,追究行为人的刑事责任。假如同是走私废物的行为,其他情节基本一致,均不属于情节严重的情况,但是海关工作人员实施本罪的实行行为,无疑会比普通公民实施本罪的实行行为危害性更大,因为其作为执法人员更应该带头守法,这时的身份因素应该成为认定本罪时考量情节是否严重的内容之一。

第四，犯罪主观方面的情节。犯罪的主观方面通常是指行为人对自己所实施的危害行为及危害结果所持的心理态度，主要包括犯罪故意和犯罪过失及犯罪目的与动机等。其中，任何犯罪的成立在主观上都必须是犯罪故意或者是犯罪过失。犯罪目的则是有些故意犯罪成立的构成要件。在直接犯罪故意中，犯罪目的和动机不同也会反映出不同的人身危险性。比如，在情节犯的场合，行为人具有的特定的目的或者特定的动机，也能反映行为人主观恶性和人身危险性的大小。行为人为了解决一时的生活之需而实施盗窃行为与为了满足挥霍需要而实施盗窃，其主观恶性程度显然有别。这种情形应该成为判断情节犯之情节严重与否的内容之一。

（二）超出犯罪构成评价范围的情节

超出犯罪构成评价范围的情节，指的是那些已经超出犯罪构成的评价范围，但是与案件有关并能直接或间接地反映行为的社会危害性或者行为人的人身危险，基于刑事政策的考量而作为情节犯定罪情节的主客观事实。因为"两高"的司法解释并没有对所有的情节犯之情节作出司法解释，即使是已经做出司法解释的也多使用概括性的兜底条款，可以说，对于所有的情节犯在理论上都存在着超出犯罪构成评价范围的情节。由于刑事政策的抽象性，再加上这些定罪情节已经超出了犯罪构成的评价范围，所以，这些情节的确定似乎给人一种无所适从的感觉。好在"两高"已经针对多数的情节犯做了相关的司法解释，除了对某些情节犯做了一些特殊的规定之外，其在对"情节严重"或者"情节恶劣"做规定时，有一定的规律可循，这对于认定没有做出司法解释的情节犯，以及现在已经做出的司法解释中的兜底条款，具有重大的参考价值。其实本书在第三章对情节犯之情节的体系定位进行讨论时，已经引用了学界对于超出犯罪构成评价范围的情节的归纳，主要包括以下情形：由于被害人过错行为介入而导致严重后果的；由于第三人过错行为介入而导致严重后果的；行为人多次实施危害行为的等。本书认为，司法解释之所以将这些情形认定为"情节严重"或"情节恶劣"，是因为行为人的行为间接地导致严重后果的发生，或者是因为某些事实能够反映出行为人的人身危险性,但是又不能通过犯罪构成的评价进行认定。因为对相关内容已经在第三章进行过论述,此处就不再展开。

另外,学界在对犯罪情节进行分类时,对于刑事政策考量的犯罪情节也做过论述。这些论述无疑对我们认定超出犯罪构成评价范围的情节也具有借鉴意义。例如,有学者认为,行为人在实施危害行为之前的一贯表现和行为后的态度就属于这种情节。① 行为人的一贯表现在通常情况下能够反映出行为人人身危险性的大小。如果一贯遵纪守法、表现良好,只是偶然实施了危害行为,一般可以认为其主观恶性不大。相反,如果行为人素行恶劣,甚至存在前科、是累犯或者已经受过多次行政处罚等,一般应当认为其主观恶性大。行为人在实施危害行为之后的态度,也能反映行为人人身危险性的大小。在危害行为实施之后,有的人是积极悔过,而有的人却拒不承认,甚至毁灭罪证、订立攻守同盟等,刚好从正反两个方向反映出不同的人身危险性。如果这些能够说明行为人主观恶性、人身危险性的事实情况,存在于实施了情节犯的行为主体身上,那么无疑需要在判断情节是否严重时予以考虑。

二、情节犯的认定标准

在现代刑法学语境中,提起犯罪的认定标准,那无疑是指犯罪构成。根据我国耦合式的犯罪构成理论,犯罪构成是认定犯罪的唯一标准,行为符合犯罪构成就应当被认定为犯罪,并追究行为人的刑事责任。犯罪构成对犯罪的判断体现了形式和内容、主观与客观的统一。但是,犯罪构成理论并不是法定概念,具体的犯罪构成也并不是直接来源于《刑法》的规定,而是理论上根据《刑法》的规定对成立犯罪所需要的条件而做的一种抽象和概括,是一种理论上的构建。犯罪构成的存在介于客观事实与刑法

---

① 李洁:《论犯罪定量因素立法化对法定刑模式的要求——以抢劫罪为实例的研究》,《江苏行政学院学报》2008年第3期。

规范之间，其存在的价值是为了能够更加清楚合理地对刑事立法进行解释，以指导司法机关准确、有效地认定犯罪。犯罪构成作为犯罪的认定标准，理所当然地成为刑法学理论的核心组成部分。我国《刑法》对犯罪成立条件的规定，采取的是总则和分则相结合的方式，先是总则对犯罪成立的条件作出一般性的规定，然后分则对具体犯罪成立所需要具备的特定条件进行规定。既然犯罪构成是对刑事立法中犯罪成立条件的抽象和概括，那么，犯罪构成作为认定犯罪的标准是否清楚明确，在很大程度上则取决于刑事立法规定得明确与否。在情节犯的场合，我国的刑事立法对于犯罪性质和情节的规定，在明确性方面存在诸多的问题，这就为在理论上准确确定情节犯的犯罪构成造成了极大的困难。尤其是对于那些《刑法》对行为性质没有作出司法解释的情节犯，作为其认定标准的犯罪构成可以说是不明确的。

对于这一部分情节犯的认定，司法人员尤其是法官必须在《刑法》已经作出的相关规定的基础上，根据刑法学原理特别是犯罪的本质属性作出。所谓犯罪的本质属性，即刑事立法之所以将某一行为设定为犯罪进行处罚的根本理由或原因。按照我国刑法理论通说的观点，犯罪的本质属性就是危害行为所具有的严重程度的社会危害性。那么情节犯的认定，在这种情况下就变成了在《刑法》已经作出的犯罪定性的基础上，对行为整体上的社会危害性及其程度的判断。由于社会危害性也是一个抽象和模糊的概念，所以法官对情节犯的认定也就存在着失控的风险。这种情况的出现是不可能绝对避免的，这是由刑事立法的局限性造成的。刑事立法不可能穷尽客观存在的所有情形，制订出绝对明确不需要解释的刑法，所以，自由裁量权也就成了法官永远也不可能被完全剥夺的权利。法官在认定情节犯时是否能够正确合理地行使自由裁量权，取决于多方面的因素，如刑事立法、法官素养、司法环境及相关的配套制度等。就情节犯的认定来讲，法官自由裁量时所面临的一个基本而又重要的问题就是，如何确定各种定罪情节在犯罪认定时所起的作用及被考虑的次序。

对于这个问题，本书分为以下几点进行论述：

第一,正如有的学者所指出的那样,各种犯罪情节在具体案件的认定中所起的作用并非是等同的。首先,在同一种刑事案件中,各种情节有主次之分,比如数额的大小对盗窃案件的定罪起着决定性作用,而行为人采取何种行为手段进行盗窃通常不起决定性作用。其次,即使是同一种情节在不同刑事案件中所产生的影响也不相同。比如,数额情节在盗窃案中起决定性作用,而在抢劫案中却不然。因为抢劫罪的实行行为不仅侵犯了被害人的财产权,更重要的是还侵犯了被害人的人身健康权甚至是生命权。所以对于抢劫案来说,手段情节更甚于数额情节。通过该学者的上述分析,笔者认为,在情节犯的认定时,首先应该根据具体犯罪的性质来确定情节在认定该种犯罪时的作用,能够直接反映犯罪性质进而说明危害行为对犯罪客体侵害程度的情节,所起的作用无疑应该大于其他方面的情节。

第二,从现代刑法的基本立场进行分析,我们在对情节犯进行认定时应该首先考虑客观方面的情节,其次才应该是主观方面的情节。如果仅仅存在主观方面的情节,无论如何也不能被认定为情节犯。基于对客观主义刑法的理论不足和主观主义刑法可能侵犯人权风险的认识,现代刑法基本上采取的是以客观主义刑法为主体并以主观主义刑法为补充的立场,我国刑法也不例外。这也就决定了在对情节犯进行认定时,应当体现刑法的这种基本立场。具体来讲,虽然犯罪的认定是主客观相统一的,但是还是应该首先考察行为的客观方面,特别是行为给客体造成的危害结果(这里的危害结果指广义上的危害结果),行为的方式、手段以及特定的时空条件等,其次才应该考虑行为人主观方面所存在的因素。如果不存在客观方面的定罪情节,我们不能仅依靠主观方面的定罪情节,如单纯的动机卑鄙,来认定情节犯的成立。否则,就有主观归罪的危险。

第三,需要指出的是,我国的《刑法》分则在对情节犯的定量因素进行表述时,采用了"情节严重"与"情节恶劣"两种形式。有的论者指出这种区分没有意义,应当取消,但是本书对此却有不同的看法。从文理上讲,"严重"更多地体现为客观方面尤其是危害结果的一种客观表述,而

"恶劣"一词则更多地体现出对行为性质的否定评价，是一种主观伦理判断，更多关注行为人的主观恶性。当然，《刑法》并没有对此作出解释，我们也只是从文理解释的角度对立法倾向进行一种推测。事实上，我国现行《刑法》中使用"情节恶劣"设置的情节犯总共五个，主要涉及虐待、遗弃等罪名，这些罪名中行为主体所实施的危害行为除了违反了对被害人的照顾等义务外，还违反了社会伦理道德，《刑法》使用"情节恶劣"恰好反映了立法者对这类行为的谴责，在语言表述上具有合理性，这样的立法应予保留。所以，我们在具体认定情节犯时，也应该适当考虑立法者对于"情节严重"与"情节恶劣"这种立法倾向上的差别。

第二节 情节犯的未完成形态

一、情节犯的犯罪形态概述

对情节犯的犯罪形态进行区分和确认是司法机关认定情节犯的重要内容，因为情节犯本身就是我国特定立法环境下的产物，情节犯的犯罪形态无疑也就更值得关注。根据我国的《刑法》规定和刑法理论，过失犯罪的成立均以特定结果的发生为构成要件，所以，过失犯罪只有成立与否的问题，不存在犯罪的未完成形态。另外，过失犯罪因为其主观方面不可能与他人建立意思联系，所以，也不存在共同犯罪问题。如果行为人在一定的期限内实施了数个犯罪行为，符合数罪并罚的，按相关的处罚规则进行处罚就可以了，对过失犯罪而言，也不存在什么特殊的问题。在理论上对罪数形态的探讨，主要是针对故意犯罪来讲的。根据前文的立场，我国《刑法》中所有的情节犯都是故意犯罪，那么情节犯的犯罪形态表现为情节犯未完成形态的情形，情节犯共同犯罪的情形，以及行为人实施的数个犯罪中至少有一个为情节犯的情形。

与理论上的绝大多数观点一样，情节犯在共同犯罪形态和罪数形态上，与其他故意犯罪并没有实质上的区别，只需要按照刑法关于共同犯罪和数罪的一般理论进行处理就可以了。情节犯的犯罪形态，真正在理论上引起争议的当属情节犯在其故意犯罪过程中的犯罪形态。根据我国刑法理论的通说，所谓故意犯罪过程中的犯罪形态，是指故意犯罪在其发展过程中，由各种主客观原因而导致的各种犯罪停止形态，也被称为故意犯罪形态。它具体包括犯罪的预备形态、犯罪的未遂形态、犯罪的中止形态以及犯罪既遂形态。犯罪的既遂形态也被称为犯罪的完成形态，指的是行为人的行为完全齐备了《刑法》所规定的具体犯罪构成的全部要件。因为我国《刑法》分则所设置的罪名一般以犯罪既遂为模式，笔者在前文对于情节犯所做的探讨可以说均是以情节犯的既遂形态为标准而进行的。所以，此处对情节犯的既遂形态不再赘述。情节犯的预备形态、未遂形态和中止形态，均是在犯罪实施完毕之前由于各种原因被迫停止而形成的一种结局性的状态。相对于既遂形态而言，行为人并没有完成具体犯罪构成的全部要件，所以，也被称为犯罪的未完成形态。如果从社会危害性的角度进一步区分，针对同一种犯罪，在案件其他方面的情节基本相同的情况下，情节犯未遂形态的社会危害性会比其预备形态和中止形态要大一些。现在，理论上对于情节犯未完成形态的探讨，主要集中在情节犯的未遂形态上，因为多数观点认为不应处罚情节犯的预备形态和中止形态，因为其社会危害性太小了。基于此，本书将情节犯的未完成形态分为情节犯的未遂形态与情节犯的预备和中止形态两部分，分别展开论述。

二、情节犯的未遂形态问题

关于情节犯是否存在犯罪的未遂形态，理论上存在着激烈的争论。不过从基本立场上进行区分，这些观点大致可以划分为肯定说和否定说。从时间上来讲，否定说产生在前并且一度成为理论界的通说，肯定说则是后来才出现的观点。否定说中有观点认为,我国《刑法》把"情节严重""情节恶劣"规定为构成犯罪限制性要件的情节犯,不可能存在犯罪未遂。① 也有论者站在犯罪构成要件齐备说的立场上,认为情节犯的情形,《刑法》除了要求其具备基本构成要件的实行行为之外,还要具备一定的情节要件,即"情节严重"或"情节恶劣",只有同时符合这两方面的要求,才能具备情节犯犯罪构成中的全部要件,行为才能构成犯罪。因此,"这类以情节作为构成要件的犯罪里无未遂存在的可能,不存在既遂与未遂之分。"② 这种立场曾经在学界得到普遍认同。肯定说则认为,情节犯的未遂不是指"情节严重"或者"情节恶劣"要件是否欠缺,而是指在已经具备"情节严重"或"情节恶劣"条件的情况下,行为人之犯罪实行行为未能得逞。所以,应当认为情节犯存在犯罪未遂。③ 肯定说是以情节犯的实行行为是否完成为标准来判断情节犯既遂与未遂,现今在理论上得到了越来越多人的认同。

笔者认为上述否定说的主张,实质上是对《刑法》分则中作为情节犯定量要素的"情节严重""情节恶劣"做表面化的理解,认为这些定量和情节犯的其他要件一样,都是构成情节犯不可或缺的条件。如果不具备情节上的要求,情节犯根本就不能成立,也就谈不上犯罪的未遂了。显然,否定说并没有准确理解情节犯中"情节严重""情节恶劣",在犯罪构成理论体系中的定位和在认定时的功能。《刑法》之所以在对具体罪名进行设置时使用"情节严重"或"情节恶劣"的表述,根本上是因为危害行为在整体上还没有达到相当严重的程度,并且在立法技术上还不能像结果犯和数额犯那样,通过强调某一个具体的定量要素来限定犯罪的成立范围。于是,被迫使用了"情节严重"与"情节恶劣"这样一个模糊性极强的概念来完成定量的任务。"情节严重"与"情节恶劣"在多数情况下属于情节

---

① 高铭暄、马克昌:《刑法学》,北京大学出版社、高等教育出版社 2005 年版,第 155 页。
② 赵秉志:《犯罪未遂的理论与实践》,中国人民大学出版社 1987 年版,第 235 页。
③ 陈兴良:《刑事司法研究——情节·判例·解释·裁量》,中国方正出版社 1996 年版,第 73 页。

犯犯罪构成理论体系中的整体性评价要素，是规范构成要素，需要司法者结合《刑法》分则对行为性质的规定，对各种各样的事实情形做综合判断，以实现其作为定罪情节的功能。可见，"情节严重"与"情节恶劣"所要体现的是行为构成犯罪所需要的量上的要求。根据犯罪未遂的一般理论，在情节犯的行为已经具备"情节严重"与"情节恶劣"的情况下，即在行为的社会危害性程度已经达到相当严重程度的时候，根据理论上判断犯罪既遂与未遂的构成要件齐备说，犯罪构成所需要的其他方面的要件仍然没有齐备，那么，在理论上就存在着未遂的可能。这也是肯定说的基本理由，只不过肯定说并没有展开论述。

本书基本上赞成肯定说的立场，认为只有在犯罪构成理论体系中，对"情节严重""情节恶劣"进行科学的定位，才能准确地厘定情节犯在理论上是否存在着犯罪未遂的形态。事实上，肯定说的立场已经在司法实践中得到了确认。2006年1月10日《人民法院报》对司法实践中一个真实案例的分析，表明了司法机关对于情节犯的未遂形态采取的也是肯定说的立场。该案的基本情况是：犯罪嫌疑人李某从沈阳火车站一次性购买沈阳至北京的卧铺火车票50张，票面总价值为人民币1万元。但是由于被人举报，在其所购买的火车票一张也没有卖出的情况下，即被公安机关查获。后检察院对行为人以倒卖车票罪向人民法院提起公诉。人民法院经审理认为，根据最高人民法院《关于审理倒卖车票刑事案件有关问题的解释》规定，"倒卖车票票面额5000元以上，或非法获利2000元以上，即构成情节严重"，行为人李某所实行的倒卖车票行为在数额上已经达到该定罪标准，应当以倒卖车票罪来追究其刑事责任，但是，由于其倒卖行为并没有完成，应以倒卖车票罪（未遂）来定罪处罚。① 笔者认为，在本案中人民法院对行为人李某行为的性质和犯罪形态的认定是正确的。行为人从车站一次性购买价值1万元的50张车票，已经危害到了票务经营的正常秩序，也符合相关司法解释的构罪标准，应当认定为犯罪追究其刑事责任。但是，

---

① 时延安：《情节犯是否存在犯罪未遂》，《人民法院报》2006年第3期。

毕竟其事实行为即倒卖行为，只实施了买进车票的行为，而并没有将这些车票卖出，实行行为没有完成，所以，应当认定为倒卖车票罪的未遂形态。

但是，肯定说对于情节犯未遂形态的论述并不完整。因为在"两高"针对情节犯所颁布的大量司法解释中，有很多关于"情节严重"和"情节恶劣"的规定已经超出了构成要件的评价范围，属于基于刑事政策的考量而设置的定量因素。那么，对于这种超出构成要件评价范围的定量因素，是否也存在犯罪的未遂形态呢？肯定说并没有给出答案。根据本书第三章的分析，笔者认为，对于超出犯罪构成评价范围的定量要素所构成的情节犯，并不存在犯罪的未遂形态。当然，也不存在犯罪的预备形态和中止形态。对于这些超出犯罪构成评价范围的定量要素，我们不妨举例加以分析。例如，有的司法解释规定，在行为人的行为实施以后，由第三人或者被害人的过错而导致出现的更严重的结果的情形，可以作为认定情节严重或恶劣的情形之一，如导致被害人自杀。这种情形下，结果通常是在危害行为实施完毕之后发生的，假如情节犯的危害行为尚未实施或尚未实施完毕，被害人就自杀了，显然不能将这种结果归责于行为人，情节犯也就不能成立，更不是未遂。如果行为人把危害行为实施完毕之后，并没有造成被害人自杀的结果，就不属于情节严重，根本就不构成犯罪，自然也谈不上犯罪的未遂。同理，其他的基于刑事政策考量并超出犯罪构成评价范围的情形，如对行为的次数要求、行为人犯罪之前和犯罪之后的表现等，与上述情形是一样的。当这些情形出现时，就认定为情节犯，当这些情形没有出现时，情节犯就不成立，而不是犯罪的未遂。

当然，与其他很多理论研究者的立场一样，本书也主张在承认情节犯存在犯罪未遂的前提下，严格限制情节犯未遂形态的成立范围。因为在我国的立法模式下，刑法设置情节犯的本意就是为了限制犯罪的成立范围，况且绝大多数情节犯基本犯罪形态的最高法定刑都是三年以下有期徒刑，也就是说情节犯原则上属于轻罪的范围。所以，出于刑法谦抑性的考虑，轻罪的犯罪未遂因为社会危害性更小，原则上应该不予定罪处罚。当然，对于那些最高法定刑为三年以上有期徒刑的情节犯，则应该在原则上承认其未遂行为的刑事可罚性。①

三、情节犯的预备形态和中止形态问题

根据我国《刑法》的规定，犯罪的预备形态指的是为了实行犯罪而准备工具、创造条件，但由于行为人意志以外的原因，并没有进入犯罪实行阶段的情形。行为人实施的是实行犯罪的预备行为，并没有对犯罪客体造成直接的侵害或威胁，充其量只是对法益造成了间接的威胁。同时，因为绝大多数的情节犯属于轻罪，情节犯预备行为的社会危害性可以说是微乎其微，所以，笔者认为不应当把情节犯的预备行为当作犯罪来处理，这样在理论上也就不存在情节犯的预备形态了。

根据我国《刑法》的规定，犯罪的中止形态指的是行为人在犯罪过程中，自动放弃犯罪或者自动有效地防止犯罪结果发生的情形。从中止发生的实践阶段上看，既可以是犯罪的预备阶段，也可以是犯罪的实行阶段。行为人在犯罪预备阶段实施的中止行为，在客观上和预备行为一样没有直接侵犯法益，在主观上也已经放弃犯罪意图，其危害性比犯罪的预备行为还要小，所以，在情节犯的预备阶段也不应该认为存在着具有刑事可罚性的中止行为。同样，对于情节犯而言，即使是在实行阶段实施的中止犯罪行为，笔者认为也不应当被作为犯罪来处理。因为行为人主观上已经放弃了犯罪的意图，在客观上没有造成危害结果或者阻止了危害结果的发生，其社会危害性也是非常小的。另外，从预防犯罪的刑事政策角度来看，也不应该把这种情形的中止行为认定为犯罪。

---

① 王志祥：《情节犯基本问题研究》，《保定学院学报》2008年第1期。

第三节　司法解释与情节犯的认定

一、情节犯的司法解释及其意义

在我国的犯罪定量模式下，情节犯的认定就是针对各个具体的情节犯，在立法定性又定量的基础上，司法再定量的过程。这个过程实际上就是司法机关根据《刑法》的规定，对客观存在的行为事实作出判断和认定的过程，它所体现的是我国刑事司法权力行使和运作的状况。从我国刑事法治运作的现实来看，笔者认为我国的司法机关对于情节犯的司法定量从总体上来讲是通过两个步骤实现的，首先是最高司法机关以司法解释的形式实现对情节犯的第一次定量，其次是享有管辖权的直接办理案件的司法机关对案件行使自由裁量权，以判决或裁定的形式对情节犯的第二次定量。当然，这也只针对大多数情节犯而言，对于最高司法机关并没有对之作出司法解释的情节犯，其司法定量是由享有管辖权的直接办理案件的司法机关行使自由裁量权对案件以判决或裁定的形式一次完成的。对于两次完成司法定量的情节犯而言，最高司法机关的司法解释权和直接管辖的司法机关的自由裁量权界定了其成立的范围。同时，最高司法机关所做的司法解释对直接管辖的司法机关具有直接的法律约束力，是其行使自由裁量权的前提和基础。既然对于大多数情节犯而言，司法定量是由两次完成的，那么在这两次司法定量之间，最高司法机关的司法解释权和管辖案件的司法机关的自由裁量权，就形成了一种此消彼长的关系。如果司法解释权过于强大，对情节犯的司法解释过于具体，那么第二次定量时自由裁量权行使的空间无疑会受到极大的压缩。反之，如果司法解释对情节犯的解释相对概括，那么享有管辖权的司法机关行使自由裁量权的空间将会得到扩展。具体应该如何协调上述两种司法权力的关系，笔者认为应该是国家根据不同时期的国情，尤其是法官队伍的整体素质、自由裁量权合理行使的配套制度建设状况等因素，进行综合的权衡和配置。就我国目前的情况而言，在法官队伍的整体素质有待于进一步提高、有关自由裁量权合理行使的配套制度尚未真正建立起来的情况下，最高司法机关的司法解释权对于司法定量发挥着重要的作用，直接的体现就是"两高"针对情节犯做了大量的司法解释。

在我国，司法权力可以划分为检察权和审判权，分别由各级人民检察院和各级人民法院行使。另外，公安机关和国家安全机关内部负责对自己所管辖的部分刑事案件行使侦查权的部门，也事实上行使着部分司法权力。但是，根据1981年6月10日全国人大常委会《关于加强法律解释工作的决议》的规定，在我国享有法律解释权的是最高人民法院和最高人民检察院。据此，"两高"针对在司法实践中具体法律、法令的适用问题，做了大量的司法解释，有些学者用浩如烟海来形容我国司法解释的规模也并不为过。在我国最高司法机关已发布的大量《刑法》司法解释中，就有对"情节严重""造成严重后果"等综合性定量因素进行的解释，例如，1999年8月最高人民检察院第九届检察委员会第四十一次会议通过的《关于人民检察院直接受理立案侦查案件立案标准的规定（试行）》，就有最高司法机关就具体个罪而发布的司法解释。这些司法解释可以说已经基本涵盖了《刑法》分则中综合性定量因素的明确化问题，对司法实践中情节犯的认定发挥着重要的作用。

第一，司法解释的颁布可以合理地规范司法机关尤其是法官的自由裁量权。在我国对犯罪定量因素采取立法定性又定量的模式下，《刑法》分则把情节犯定量因素表述为"情节严重"或"情节恶劣"这样概括性的语言，虽然它说明的是情节犯的成立除了需要符合《刑法》规定的定性因素之外，还需要在行为的社会危害程度方面达到一定量的要求才能构成犯罪。但是，这样的规定仅具有宣示性的意义，因为仅仅依据"情节严重"或"情节恶劣"的表述，根本无法确定其具体含义到底什么。假如最高司法机关不颁布司法解释对之进行解释，对情节犯定量因素的判断就会被完全委之于直接管辖案件的司法机关，由其完全依据自由裁量权进行裁判。但是，我国《刑法》对某些情节犯的定性规定模糊不清，非法经营罪、扰乱社会秩序罪等罪名的实行行为根本无法明确确定。同时，刑事诉讼程序中和刑法理论上又缺乏出罪机制的构建，法官的素质又整体堪忧，司法独立尚缺乏足够保障，完全让司法机关对情节犯进行自由裁量其结果可想而知。其最大的风险莫过于法官对自由裁量权可以肆意行使，司法实践中侵犯人权的案情将不断发生。在刑事立法保持不变的前提下，必须对法官这种不受拘束的自由裁量权进行合理的管控和分割，司法解释就是可行的办法之一。因为"两高"作出的司法解释具有法律上的约束力，审理具体案件的法院必须遵照执行。如果司法解释对情节犯的定量因素作出具体、科学的解释，那么法官的自由裁量权势必受到合理的压缩。

第二，司法解释相对于刑事立法具有更大灵活性。针对司法实践中某些出现的新情况、新问题，可以在保持立法不变的同时，通过及时作出解释的方式，来实现对社会关系的有效调控。例如，我国《刑法》第180条所规定的内幕交易、泄露内幕信息罪，均属于情节犯，《刑法》分则对行为方式采取列举的方式进行表述，可谓是相对明确和具体的。但是，随着我国证券、期货市场的发展，一些新的违反证券、期货市场监管秩序的行为不断出现。为了有效地对这些行为进行法律规制，保障市场秩序健康有序发展，2012年5月22日"两高"颁布了《关于办理内幕交易、泄露内幕信息刑事案件具体应用法律若干问题的解释》，对其中可能构成内幕交易、泄露内幕信息罪的情形进行规定，为司法机关对有关犯罪行为追究刑事责任提供了明确的法律依据。

第三，通过对情节犯的定量因素进行司法解释，可以在司法实践中更加直接有效地贯彻我国的刑事政策。刑事政策是国家为了遏制、预防、减少犯罪，根据我国的国情和一定时期的治安形势，制定的与犯罪进行有效斗争的指导方针和对策。刑事政策可以分为基本的刑事政策和具体的刑事政策。我国现阶段的基本刑事政策是宽严相济的刑事政策。"刑事政策是刑法的灵魂与核心，刑法是刑事政策的条文化与定型化。"① 我国在《刑法》中设置情节犯正是立法者自觉贯彻这种基本的刑事政策的体现。立法者主动地、积极地选择并利用刑法规范的模糊性、抽象性以实现其立法的目标。情节犯的立法模式实现了我国基本刑事政策的两种价值取向：一方面，情节犯的存在，可以使那些严重危害社会的行为得到刑罚的制裁，有利于缓解社会变化和实现刑法稳定性之间的紧张关系；另一方面，情节犯通过"情节严重"或"情节恶劣"的情节要求，限制和缩小刑法调控社会矛盾的范围，这正与当前刑法价值取向相吻合，以实现政治国家刑法向市民社会刑法的转变。② 但是情节犯立法的模糊性，也决定了要在刑事法治的过程中真正地实现宽严相济的基本刑事政策的要求，还必须依赖司法机关在司法实践中自觉地贯彻。然而，我国刑事司法环境的现实情况不能保证每一个法官都能在对情节犯的审理中时都会体现刑事政策的要求。所以，最高司法机关应在遵循罪刑法定原则和刑法原理的前提下，对情节犯的定量因素进行合理的解释，对情节犯的成立范围做出圈界。同时，司法机关还应依据掌握的每一种情节犯的表现特点和规律，基于刑事政策的考量，把一些与情节犯危害行为有关的客观事实也解释为"情节严重"或"情节恶劣"的情形。这种情况下的司法解释正如本书前述超出犯罪构成理论评价范围的情节，都是贯彻刑事政策的产物。当在具体案件中发生了这种基于刑事政策考量的情节事实，司法机关必须将其作为情节犯来定罪处罚。这是由于司法解释具有强制的法律效力，使得法官在具体的司法实践中必须贯彻基本刑事政策的要求。

二、情节犯的司法解释存在的问题及完善对策

"两高"关于情节犯所做的司法解释，虽然在司法实践上对于情节犯的认定发挥着积极而又重要的作用，但我们也必须客观承认这些司法解释仍存

---

① 陈兴良：《刑事政策视野中的刑罚结构调整》，《法学研究》1998年第6期。
② 李翔：《情节犯研究》，上海交通大学出版社2006年版，第149页。

在着这样或那样的问题，对刑事司法运作的科学化、民主化产生不良影响。"两高"关于情节犯的司法解释存在的问题主要表现在以下两个方面：

第一，"两高"对情节犯所做的司法解释从数量和层次上来讲过多过密，事实上架空了刑事立法在认定犯罪时应当具有的作用，导致法官的主观能动性难以真正得到发挥。由于情节犯在我国刑事立法中主要分布在《刑法》分则第二章破坏社会主义市场经济秩序罪和第六章妨害社会管理秩序罪中，所以这一类情节犯往往具有行政违法性。因为我国行政法律法规的规模庞大、错综复杂，所以"两高"对这一类情节犯做司法解释时也必须引用相关行政法律法规的具体规定，把情节犯的成立范围规定得非常详细。最终，司法解释在总的数量上远远超过《刑法》条文本身，法官在司法实践中认定情节犯并不是依照刑法办案，而是依照司法解释办案。

在我国，《刑法》作为重要的部门法之一，只有全国人民代表大会及其常务委员会才有权制订和修改，这也是我国社会主义民主的基本要求。"两高"属于最高司法机关，其对于情节犯所做的司法解释虽然具有法律上的效力，但并不具有立法的性质。由于司法解释的大量存在，导致了《刑法》在法官认定情节犯时被虚置的不正常局面，从而使《刑法》处在一个十分尴尬的位置，刑罚的权威性也遭到严重损坏。同时，司法解释对于情节犯解释得过于详细，虽然在某种程度上解决了全国性法律适用的"统一性"，却不当地压缩了法官的自由裁量权，使对于某些情节犯的审理几近沦落为对司法解释规定的具体犯罪情节的认定，法官几乎没有自由裁量的余地。这样势必会导致法官产生依赖心理，难以真正发挥其主观能动性。而且，过于细密的司法解释也会在某种程度上弱化程序法存在的价值。我国本来就有"重实体，轻程序"的执法思想，在司法解释对情节犯的规定过于细密的情况下，程序正义理念将会在刑事诉讼中被进一步弱化。正如我国有的学者所指出的那样："通过实体法的细则化也可以限制程序性操作，其结果必然是压抑了程序本身的发展，助长了人民回避程序的倾向。"①

针对司法解释所存在的这一问题,笔者认为应该合理限制司法解释的范围,同时加强立法解释。具体来讲,最高司法机关应该根据《刑法》的规定和具体犯罪在司法实践中的表现,尽量限制司法解释的范围,将那些不必要进行司法解释的规定尽量交由具体承办的司法机关自由裁量,只有在确有必要时,才对《刑法》的具体规定进行解释。即使是在有必要进行司法解释时,也应该将司法解释规定得相对确定而不能绝对确定。只有这样才能让法官根据案件的具体情况合理地行使自由裁量权,以实现个案的实质公正。此外,针对那些已经被司法实践反复证明、反映和符合犯罪认定规律的司法解释,可以考虑采取适当的方式进行立法化,将这些内容从司法解释中通过一定的法律程序上升为《刑法》的内容,尽可能地让《刑法》直接来规定犯罪的成立条件和处罚。对情节犯定量因素的确定,如果在某些情况下可以通过立法解释的方式来进行,那么就尽量采取立法解释的方式。总之,笔者强调的是要树立《刑法》的权威,发挥《刑法》在认定犯罪时所应起到的作用。虽然我国刑事法治的现况,决定了我们还不能突然之间全部取消司法解释,但是我们仍然应该为《刑法》在定罪量刑时发挥主导作用创造条件。

第二,"两高"所做的司法解释从内容上来讲,还存在着某些解释内容缺乏合理性及入罪化思想严重的问题。"两高"关于情节犯之"情节严重"所做的司法解释,有很多仅采取形式单一的做法将情节明确化,看似合理易行,实则缺乏固定合理的判断标准。例如,2008年6月25日最高人民检察院、公安部《关于公安机关管辖的刑事案件立案追诉标准的规定(一)》仅将《刑法》第227条所规定的倒卖车票、船票罪的追诉标准量化为:"(一)票面数额累计5000元以上的;(二)非法获利累计2000元以上的;(三)其他情节严重的情形。"同时,正如有的学者所分析的那样,情节犯设立时所带有的有利于打击犯罪的浓厚的国家主义色彩是不容回避的。当前,在受到立法权和行政权双重影响下的审判权仍然弱化的司法背景下,情节犯之"情

---

① 季卫东:《法治秩序的建构》,中国政法大学出版社1999年版,第26页。

节严重"的功能未能在实践中摆脱入罪化思想的影响。很多关于情节犯的司法解释都带有浓烈的入罪化的思想,忽略了刑法的谦抑性和保障机能的发挥。

"两高"虽然得到了法律的授权有权对《刑法》进行司法解释,但并不意味着可以随意解释《刑法》,司法解释的权限应该受到刑事立法和刑事法治精神的制约。其一,刑事立法对司法解释的制约。在情节犯的解释中,主要体现在司法解释必须不能和《刑法》对情节犯的具体规定相冲突或者相矛盾,必须在这些规定可能具有的含义范围内进行解释,不能脱离这个范围。此外,《刑法》总则的犯罪概念是质量合一的,它所表明的是构成犯罪所需要具备的实质标准,即达到一定严重程度的社会危害性,要求在判断时对行为的整体做一个综合性的判断。如果像上述倒卖车票、船票罪的司法解释那样,仅仅把这种综合性的判断局限于数额方面,显然会导致认定出现实质的不公,即有些情况虽然达到司法解释所规定的数额要求,但是整体的危害性未必达到值得刑罚处罚的程度,或者有些情况虽然没有达到司法解释所规定的数额要求,但是整体的危害性已经达到了值得科处刑罚的程度而不能处罚。所以,和上述司法解释类似的内容都应该加以修订。其二,刑事法治精神对于司法解释的制约,要求"两高"在对情节犯进行司法解释时,应该自觉遵循现代刑事法治之刑法谦抑性、人道性、明确性的要求。刑法的谦抑性和人道性要求司法解释在对情节犯的情节进行界定时,只能将那些通过其他手段尚不足以有效保护法益的情形,规定为情节犯构罪的条件。虽说司法解释具有可以很便捷地贯彻刑事政策的特点,但是由于刑事政策的模糊性和概括性,如果在司法解释中对情节犯过多地规定基于刑事政策考量的情节,可能会导致行为人预测可能性的丧失,最终与刑法明确性的要求不相符合。同时,针对情节犯进行司法解释时,怎样才能合理地体现刑事政策上的内涵尚缺乏一个可供操作的标准。所以,"两高"在对情节犯进行司法解释时,应该尽量减少从刑事政策的角度对情节犯之"情节严重"或"情节恶劣"所做的解释。这样,才能使司法解释本身更符合刑事法治精神的要求。

参考文献

著作

[1] 白建军:《关系犯罪学》,中国人民大学出版社 2014 年版。

[2] 蔡桂生:《构成要件论》,中国人民大学出版社 2015 年版。

[3] 陈国庆:《刑法及相关司法解释解读与适用全书(上册)》,中国人民大学出版社 2009 年版。

[4] 陈兴良:《本体刑法学》,中国人民大学出版社 2011 年版。

[5] 陈兴良:《教义刑法学》,中国人民大学出版社 2015 年版。

[6] 陈兴良:《刑法的价值构造》,中国人民大学出版社 2006 年版。

[7] 陈兴良:《刑法的知识转型(学术史)》,中国人民大学出版社 2012 年版。

[8] 陈兴良:《刑法各论精释》,人民法院出版社 2015 年版。

[9] 陈兴良:《刑法适用总论》,中国人民大学出版社 2006 年版。

[10] 陈兴良:《刑法疑难案例释疑》,中国人民公安大学出版社 1998 年版。

[11] 陈兴良:《刑法哲学》,中国人民大学出版社 2015 年版。

[12] 陈兴良:《刑法哲学》,中国政法大学出版社 2004 年版。

[13] 陈兴良:《刑法总论精释》,人民法院出版社 2015 年版。

[14] 陈兴良:《刑事司法研究》,中国方正出版社 1996 年版。

[15] 陈兴良:《刑事司法研究——情节·判解·解释·裁量》,中国方正出版社 1999 年版。

[16] 陈兴良、张军、胡云腾:《人民法院刑事指导案例裁判要旨通纂

(上、下卷)》，北京大学出版社2013年版。

［17］陈璇：《刑法中的社会相当性理论研究》，法律出版社2010年版。

［18］陈忠林：《意大利刑法纲要》，中国人民大学出版社1999年版。

［19］储槐植、江溯：《美国刑法（第四版）》，北京大学出版社2013年版。

［20］储槐植：《刑事一体化论要》，北京大学出版社2007年版。

［21］储槐植：《刑事一体化与关系刑法论》，北京大学出版社1997年版。

［22］［德］阿图尔·考夫曼、温弗里德·哈斯默尔：《当代法哲学和法律理论导论》，郑永流译，法律出版社2002年版。

［23］［德］埃里克·希尔根多夫：《德国刑法学：从传统到现代》，江溯等译，北京大学出版社2015年版。

［24］［德］冈特·施特拉腾韦特：《刑法总论Ⅰ——犯罪论》，杨萌译，法律出版社2006年版。

［25］《德国刑法典》，冯军译，中国政法大学出版社2000年版。

［26］［德］金德霍伊泽尔：《刑法总论教科书》，蔡桂生译，北京大学出版社2015年版。

［27］［德］卡尔·拉伦茨：《法学方法论》，陈爱娥译，商务印书馆2004年版。

［28］［德］考夫曼：《法律哲学》，刘幸义等译，法律出版社2004年版。

［29］［德］克劳斯·罗克辛：《德国刑法学总论——犯罪原理的基础构造（第1卷）》，王世洲译，法律出版社2005年版。

［30］［德］克劳斯·罗克辛：《德国刑法学总论（第2卷）》，王世洲主译，法律出版社2013年版。

［31］［德］克劳斯·罗克辛：《德国最高法院判例：刑法总论》，何庆仁、蔡桂生译，中国人民大学出版社2012年版。

［32］［德］克劳斯·罗克辛:《刑事政策与刑法体系》,蔡桂生译,中国人民大学出版社 2011 年版。

［33］［德］李斯特:《德国刑法教科书》,徐久生译,法律出版社 2000 年版。

［34］［德］普珀:《法学思维小学堂》,蔡圣伟译,北京大学出版社 2011 年版。

［35］［德］魏德士:《法理学》,吴越、丁晓春译,法律出版社 2003 年版。

［36］［德］耶赛克、魏特根:《德国刑法教科书(总论)》,徐久生译,中国法制出版社 2001 年版。

［37］邓又天:《刑法释义与司法适用》,中国人民公安大学出版社 1997 年版。

［38］［法］雷蒙·阿隆:《社会学主要思潮》,葛秉宁译,上海译文出版社 2015 年版。

［39］［法］卢梭:《社会契约论》,商务印书馆 1980 年版。

［40］［法］米海依尔·戴尔玛斯:《刑事政策的主要体系》,卢建平译,法律出版社 2000 年版。

［41］［法］托克维尔:《论美国的民主》,董果良译,商务印书馆 1996 年版。

［42］付立庆:《犯罪构成理论:比较研究与路径选择》,法律出版社 2010 年版。

［43］高鸿钧、赵晓力:《新编西方法律思想史(古代、中世纪、近代部分)》,清华大学出版社 2015 年版。

［44］高鸿钧、赵晓力:《新编西方法律思想史(现代、当代部分)》,清华大学出版社 2015 年版。

［45］高铭暄、马克昌:《刑法学(第五版)》,北京大学出版社、高等教育出版社 2011 年版。

［46］高铭暄:《中华人民共和国刑法的孕育诞生和发展完善》,北京

大学出版社 2012 年版。

［47］国家法官学院、中国人民大学法学院：《中国审判案例要览（刑事审判案例卷）》，中国人民大学出版社系列出版物。

［48］韩忠谟：《刑法原理》，中国政法大学出版社 2002 年版。

［49］何秉松：《刑法教科书》，中国法制出版社 1997 年版。

［50］胡学相：《量刑的基本理论研究》，武汉大学出版社 1998 年版。

［51］胡云腾：《论我国刑法中的情节》，载中国法学会刑法学研究会组织编写：《全国刑法硕士论文荟萃》，中国人民公安大学出版社 1989 年版。

［52］黄茂荣：《法学方法与现代民法》，法律出版社 2007 年版。

［53］黄荣坚：《基础刑法学（上、下）》，中国人民大学出版社 2009 年版。

［54］黄宗智：《经验与理论：中国社会、经济与法律实践历史研究》，中国人民大学出版社 2007 年版。

［55］季卫东：《法治秩序的建构》，中国政法大学出版社 1999 年版。

［56］《加拿大刑事法典》，卞建林等译：中国政法大学出版社 1999 年版。

［57］姜伟：《犯罪形态通论》，法律出版社 1994 年版。

［58］金泽刚：《犯罪既遂的理论与实践》，人民法院出版社 2001 年版。

［59］柯耀程：《变动中的刑法思想》，中国政法大学出版社 2003 年版。

［60］劳东燕：《风险社会中的刑法：社会转型与刑法理论的变迁》，北京大学出版社 2015 年版。

［61］黎宏：《刑法学》，法律出版社 2012 年版。

［62］李立丰：《美国刑法犯意研究》，中国政法大学出版社 2009 年版。

［63］李立众：《刑法一本通（第九版）》，法律出版社 2012 年版。

［64］李翔：《情节犯研究》，上海交通大学出版社2006年版。

［65］廖万里：《论我国基本刑事政策》，中国人民大学出版社2005年版。

［66］林钰雄：《新刑法总则》，台湾元照出版有限公司2014年版。

［67］刘树德：《罪状建构论》，中国方正出版社2002年版。

［68］刘艳红：《开放的犯罪构成要件理论研究》，中国政法大学出版社2002年版。

［69］马克昌：《比较刑法原理》，武汉大学出版社2002年版。

［70］马克昌：《犯罪通论》，武汉大学出版社1999年版。

［71］马克昌：《宽严相济刑事政策研究》，清华大学出版社2012年版。

［72］马克昌：《刑罚通论》，武汉大学出版社1999年版。

［73］［美］E. 博登海默：《法理学：法律哲学和法律方法》，邓正来译，中国政法大学出版社2004年版。

［74］［美］E. 博登海默：《法理学：法律哲学与法律方法》，邓正来译，华夏出版社1989年版。

［75］［美］道格拉斯·胡萨克：《刑法哲学》，姜敏译，中国法制出版社2015年版。

［76］［美］哈伯特·L. 帕克：《刑事制裁的界限》，梁根林等译，法律出版社2008年版。

［77］［美］列奥·施特劳斯、约瑟夫·克罗波西：《政治哲学史》，李洪润等译，法律出版社2009年版。

［78］［美］米尔伊安·R. 达玛什卡：《司法与国家权力的多种面孔》，郑戈译，中国政法大学出版社2004年版。

［79］［美］乔治·弗莱彻：《反思刑法》，邓子滨译，华夏出版社2008年版。

［80］［美］斯蒂芬·E. 巴坎：《犯罪学：社会学的理解》，秦晨等译，上海人民出版社2011年版。

[81]［美］斯科特·戈登：《控制国家——西方宪政的历史》，应奇等译，江苏人民出版社 2001 年版。

[82]［美］沃德·法恩斯沃思：《高手：解决法律难题的 31 种思维技巧》，丁芝华译，法律出版社 2009 年版。

[83]［美］约翰·莫里斯·凯利：《西方法律思想简史》，王笑红译，法律出版社 2010 年版。

[84] 聂立泽：《刑法中主客观相统一原则研究》，法律出版社 2004 年版。

[85] 乔治·B. 沃尔德等：《理论犯罪学》，方鹏译，中国政法大学出版社 2005 年版。

[86]《日本刑法典》，张明楷译：法律出版社 1998 年版。

[87]［日］大谷实：《刑法总论》，黎宏译，法律出版社 2003 年版。

[88]［日］大塚仁：《犯罪论的基本问题》，冯军译，中国政法大学出版社 1993 年版。

[89]［日］大塚仁：《刑法概说（总论）》，冯军译，中国人民大学出版社 2003 年版。

[90]［日］高桥则夫：《共犯体系与共犯理论》，冯军等译，中国人民大学出版社 2010 年版。

[91]［日］平野龙一：《刑法的基础》，黎宏译，中国政法大学出版社 2016 年版。

[92]［日］日高义博：《违法性的基础理论》，张光云译，法律出版社 2015 年版。

[93]［日］山口厚：《刑法各论》，王昭武译，中国人民大学出版社 2011 年版。

[94]［日］山口厚：《刑法总论》，付立庆译，中国人民大学出版社 2011 年版。

[95]［日］西田典之：《日本刑法总论》，王昭武、刘明祥译，法律出版社 2013 年版。

［96］［日］小野清一郎：《犯罪构成要件理论》，中国人民公安大学出版社1991年版。

［97］［日］伊东研祐：《法益概念史研究》，秦一禾译，中国人民大学出版社2014年版。

［98］［斯洛文尼亚］卜思天·M.儒攀基奇：《刑法理念的批判》，丁后盾等译，中国政法大学出版社2000年版。

［99］王晨：《刑法中的情节研究》，武汉大学出版社1992年版。

［100］王志祥：《危险犯研究》，中国人民公安大学出版社2004年版。

［101］王作富：《刑法分则实务研究》，中国方正出版社2010年版。

［102］吴从周：《概念法学、利益法学与价值法学》，中国法制出版社2011年版。

［103］吴大华、蒋宪平、詹复亮：《新刑法罪名通论》，中国方正出版社1997年版。

［104］吴喆、周维远、李晓林、张世琦：《最新刑法罪名、犯罪数额与情节的认定》，人民法院出版社2005年版。

［105］吴宗宪：《西方犯罪学》，法律出版社2006年版。

［106］吴宗宪：《西方犯罪学史（第1~4卷）》，中国人民大学出版社2010年版。

［107］肖扬《中国新刑法学》，中国人民公安大学出版社1997年版。

［108］许发民：《刑法的社会文化分析》，武汉大学出版社2004年版。

［109］许发民：《刑法文化与刑法现代化研究》，中国方正出版社2001年版。

［110］许玉秀、陈志辉：《不移不惑献身法与正义——许逎曼教授刑事法论文选辑》，新学林出版股份有限公司2006年版。

［111］许玉秀：《当代刑法思潮》，中国民主法制出版社2005年版。

［112］杨春洗：《刑事政策论》，北京大学出版社1994年版。

［113］［意］贝卡利亚：《论犯罪与刑罚》，黄风译，中国大百科全书出版社1993年版。

[114] [意] 加洛法洛：《犯罪学》，耿伟译，中国大百科全书出版社1999年版。

[115] [意] 帕多瓦尼：《意大利刑法学原理》，陈忠林译，法律出版社1995年版。

[116] [意] 帕多瓦尼：《意大利刑法学原理》，陈忠林译，法律出版社1995年版。

[117] [英] David Garland：《控制的文化》，周盈成译，台湾巨流图书公司2006年版。

[118] [英] 边沁：《道德与立法原理导论》，商务印书馆2000年版。

[119] [英] 哈耶克：《自由秩序原理（上、下）》，生活·读书·新知三联书店1997年版。

[120] [英] 韦恩·莫里森：《法理学：从古希腊到后现代》，武汉大学出版社2003年版。

[121] [英] 韦恩·莫里森：《理论犯罪学：从现代到后现代》，刘仁文等译，法律出版社2004年版。

[122] 张明楷：《外国刑法纲要（第二版）》，清华大学出版社2007年版。

[123] 张明楷：《刑法的基本立场》，中国法制出版社2002年版。

[124] 张明楷：《刑法分则的解释原理（上、下）》，中国人民大学出版社2011年版。

[125] 张明楷：《刑法格言的展开》，北京大学出版社2013年版。

[126] 张明楷：《刑法学（第四版）》，法律出版社2011年版。

[127] 张明楷：《刑法学》，法律出版社2011年版。

[128] 张西坡：《中华人民共和国刑法史》，中国人民公安大学出版社1998年。

[129] 张永红：《我国刑法第13条但书研究》，法律出版社2004年版。

[130] 赵秉志：《犯罪总论问题探索》，法律出版社2002年版。

[131] 赵秉志：《量刑情节与量刑方法整理》，中国人民公安大学出版社 2009 年版。

[132] 赵秉志：《刑法总论》，中国人民大学出版社 2012 年版。

[133] 赵炳寿：《刑法若干理论问题研究》，四川大学出版社 1992 年版。

[134] 赵威：《数额犯研究》，辽宁大学出版社 2010 年版。

[135] 周光权：《法治视野中的刑法客观主义》，法律出版社 2013 年版。

[136] 周光权：《法治视野中的刑法客观主义》，清华大学出版社 2002 年版。

[137] 周光权：《刑法总论》，中国人民大学出版社 2016 年版。

[138] 周光权：《行为无价值论的中国展开》，法律出版社 2015 年版。

[139] 周振想：《刑法学教程》，中国人民公安大学出版社 1997 年版。

[140] 最高人民法院刑事审判第一、二、三、四、五庭：《刑事审判参考》，法律出版社系列出版物。

[141] 最高人民法院中国应用法学研究所：《人民法院案例选》，人民法院出版社系列出版物。

报刊文章

[1] 白利勇：《论定量因素在我国犯罪构成中的定位——基于我国犯罪构成理论完善的视角》，《湖南公安高等专科学校学报》2010 年第 6 期。

[2] 蔡鹤：《从引导诉讼角度构建犯罪成立体系》，《法治时空》2010 年第 3 期。

[3] 陈洪兵：《从我国犯罪概念的定量性探析犯罪未遂问题》，《贵州警察职业学院学报》2002 年第 3 期。

[4] 陈然：《非法行医罪司法认定中的两个问题》，《检察日报》2006 年第 3 期。

[5] 陈伟：《反思人身危险性在定罪机制中的功能定位》，《法商研究》2010 年第 4 期。

［6］陈兴良：《作为犯罪构成要件的罪量要素》，《环球法律评论》2003年第3期。

［7］陈正沓：《帮助毁灭、伪造证据罪认定中的疑难问题探析》，《司法实务研究》2003年第4期。

［8］储槐植、汪永乐：《再论我国刑法中犯罪概念的定量因素》，《法学研究》2000年第2期。

［9］储槐植：《刑法第13条但书与刑法结构——以系统论为视角》，《法学家》2002年第6期。

［10］储槐植、张永红：《刑法第13条但书的价值蕴涵》，《江苏警官学院学报》2003年第2期。

［11］崔光同：《"过失情节犯"之称谓确立及立法探究——以刑法2008条过失泄露国家秘密罪为视点》，《黑龙江省政法管理干部学院学报》2009年第5期。

［12］窦春源：《危险犯既遂后是否还可成立中止——对危险状态出现后行为人自我挽救行为的性质分析》，《山东大学法律评论》2011年。

［13］段耀洲：《串通投标罪的认定》，《人民检察》1998年第7期。

［14］范真：《入罪标准有待细化》，《中国国土资源报》2011年第10期。

［15］高维俭：《刑法情节的基本概念与适用规范探究》，《人民检察》2009年第1期。

［16］高星照、梅象华：《犯罪构成理论的反思》，《菏泽学院学报》2009年第1期。

［17］顾肖荣：《犯罪既遂理论研究的新进展》，《政治与法律》2001年第5期。

［18］何庆仁：《犯罪化的整体思考》，《刑事法评论》2008年第2期。

［19］侯国云：《犯罪构成理论的产生与发展》，《南都学坛》2004年第4期。

［20］胡增瑞：《情节犯若干问题新探》，《黑龙江省政法管理干部学院

学报》2005年第1期。

［21］黄晓亮：《法定犯及其社会危害性的认定》，《检察日报》2008年第3期。

［22］冀洋：《非数额型盗窃入罪的学理反思》，《湖南警察学院学报》2012年第5期。

［23］姜涛：《恶意欠薪罪若干问题探究》，《法学论坛》2012年第1期。

［24］姜涛：《宽严相济刑事政策的立法化及其实现》，《江汉论坛》2011年第6期。

［25］金华捷：《刑法修正案（八）危险驾驶罪具体适用问题的研究》，《湖南警察学院学报》2011年第2期。

［26］金泽刚：《论定罪情节与情节犯》，《华东政法学院学报》2000年第1期。

［27］李恩民：《多次违法构成犯罪初探》，《人民检察》1999年第2期。

［28］李华：《盗窃罪犯罪情节质疑》，《检察日报》2001年第3期。

［29］李洁：《论犯罪定量因素立法化对法定刑模式的要求——以抢劫罪为实例的研究》，《江苏行政学院学报》2008年第3期。

［30］李洁：《罪刑法定之明确性要求的立法实现——围绕行为程度之立法规定方式问题》，《法学评论（双月刊）》2002年第6期。

［31］李居全：《也论我国刑法中犯罪概念的定量因素》，《法律科学》2001年第1期。

［32］李克杰：《"醉驾免刑"与"醉驾入刑"并不矛盾》，《检察日报》2011年第6期。

［33］李松：《盗窃重点文保单位不能等同溜门撬锁》，《法制日报》2012年第8期。

［34］李翔：《论我国刑法中情节犯的司法价值》，《河北法学》2006年第9期。

［35］李翔：《情节犯的犯罪构成理论意义》，《云南大学学报》（法学版）2006年第4期。

［36］李翔：《刑事政策视野中的情节犯研究》，《中国刑事法杂志》2005年第6期。

［37］李翔：《罪刑法定视野中情节犯之命运》，《江西社会科学》2006年第6期。

［38］李勇：《情节犯之立案标准与加重标准应一并出台》，《检察日报》2009年第3期。

［39］利子平：《非法获取公民个人信息罪"情节严重"初论》，《法学评论》2012年第5期。

［40］蔺红光、王东阳：《情节犯的立法价值检讨与抉择》，《河南公安高等专科学校学报》2000年第5期。

［41］刘爱童：《"醉酒""飙车"入罪后若干法律问题研究》，《江西科技师范学院学报》2012年第2期。

［42］刘长伟：《论转化犯的重构》，《华北电力大学学报》2013年第6期。

［43］刘传建：《法律应少些"情节严重"的混沌》，《四川日报》2008年第C02期。

［44］刘明祥：《论我国刑法总则与分则相关规定的协调》，《河南财经政法大学学报》2007年第5期。

［45］刘守芬、方文军：《情节犯及相关问题研究》，《法学杂志》2003年第5期。

［46］刘树德：《罪状之辨析与界定》，《国家检察官学院学报》1999年第28期。

［47］刘宪权、周舟：《刑法第13条"但书"条款司法适用相关问题研究》，《现代法学》2011年第6期。

［48］刘亚丽：《论情节犯》，《江苏公安专科学校学报》2002年第1期。

［49］刘艳红：《情节犯新论》，《现代法学》2002 年第 5 期。

［50］刘远：《关注刑法解释的司法逻辑》，《国家检察官学院学报》2012 年第 3 期。

［51］柳忠卫：《刑法立法模式的刑事政策考察》，《现代法学》2010 年第 3 期。

［52］隆波：《起刑点问题的浅思考》，《公安研究》2007 年第 7 期。

［53］娄云：《多次犯研究》，南昌大学硕士学位论文，2009 年。

［54］陆永安：《谈刑法中的"情节"》，《江苏公安专科学校学报》1996 年第 1 期。

［55］陆玉晶：《论刑法定量因素的界定》，《法制与社会》2010 年第 7 期。

［56］陆玉晶：《论刑法定量因素的设立》，《连云港职业技术学院学报》2007 年第 2 期。

［57］吕艳伟：《我国刑法解释和罪刑法定原则实现的反思》，《法学论丛》2009 年第 5 期。

［58］马改然：《情节犯存在之合理性》，《内蒙古社会科学》2012 年第 5 期。

［59］邵栋豪：《情节犯中"情节严重"的认定与适用》，《人民法院报》2008 年第 6 期。

［60］时延安：《情节犯是否存在犯罪未遂》，《人民法院报》2006 年第 3 期。

［61］孙春雨：《中美定罪机制五大差异》，《检察日报》2004 年 11 月 10 日。

［62］孙春雨：《中美定罪机制之比较》，《中国政法大学学报》2005 年第 5 期。

［63］谭明：《简论行为犯与其他相关概念之关系》，《新疆职业大学学报》2005 年第 1 期。

［64］王军仁：《情节犯问题的挑战与应对》，《合肥工业大学学报》

2007年第1期。

［65］王钧、李智保：《对"客观的超过要素"的质疑与辩解》，《江西科技师范学院学报》2007年第4期。

［66］王良华：《关于情节犯的两个疑难问题的探析》，《广西法学》1996年第3期。

［67］王美茜：《情节犯的立法完善》，《松辽学刊》2001年第12期。

［68］王维维：《公诉机关首次回应故宫案量刑争议》，《北京日报》2012年5月24日第7版。

［69］王晓燕：《情节犯的立法设置研究》，《法治与社会》2011年第5期。

［70］王莹：《情节犯之情节的犯罪论体系性定位》，《法学研究》2012年第3期。

［71］王勇、金圣春：《犯罪构成理论的当下图景与可能走向》，《当代法学》2011年第5期。

［72］王政勋：《定量因素在犯罪成立条件中的地位——兼论犯罪构成理论的完善》，《中国政法大学学报》2007年第4期。

［73］王志祥：《犯罪构成的定量因素论纲》，《河北法学》2007年第4期。

［74］王志祥：《情节犯基本问题研究》，《保定学院学报》2008年第1期。

［75］魏中礼：《我国金融犯罪的立法技术评析》，《中国刑事法杂志》2010年第9期。

［76］吴嘉平：《正确认识何为"倒卖"行为是定性要点》，《检察日报》2006年第3期。

［77］吴菊萍：《罪数不典型问题研究》，中国政法大学硕士学位论文，2003年。

［78］伍学文：《非物质性贿赂研究》，《国家检察官学院学报》2009年第3期。

[79] 夏秀斌：《犯罪构成决定定罪与量刑程序不应截然分开》，《检察日报》2009 年第 3 期。

[80] 夏勇：《作为情节犯的醉酒驾驶》，《中国刑事法杂志》2011 年第 9 期。

[81] 邢馨宇、邱兴隆：《刑法的修改：轨迹、应然与实然——兼及对刑法修正案（八）的评价》，《法学研究》2011 年第 2 期。

[82] 熊伟：《论醉驾不必一律入罪》，《法学论坛》2012 年第 6 期。

[83] 许岚：《论定罪情节及其对涉林犯罪的影响》，《湖南公安高等专科学校学报》2001 年第 6 期。

[84] 杨安琪：《轻微危害行为处理模式比较研究》，《理论界》2013 年第 3 期。

[85] 杨长林：《刑法定量因素相关概念辨析》，《法制与社会》2011 年第 34 期。

[86] 杨忠民：《刑法第 13 条"但书"的出罪功能及司法适用研究》，《中国人民公安大学学报》2008 年第 5 期。

[87] 叶高峰、史卫忠：《情节犯的反思及其立法完善》，《法学评论》1997 年第 2 期。

[88] 易建国：《非法行医罪的主观罪过问题新探》，《武汉理工大学学报》2007 年第 2 期。

[89] 张利兆：《〈刑法修正案（六）〉的"严厉化"》，《人民检察》2007 年第 115 期。

[90] 张明楷：《犯罪构成理论的课题》，《环球法律评论》2003 年第 3 期。

[91] 张勇：《犯罪定量刑法模式的比较与选择》，《河北法学》2006 年第 5 期。

[92] 张志强：《情节犯浅析》，《法学评论》1988 年第 3 期。

[93] 赵林虎：《论我国刑法中犯罪定量的合理性及其模式》，《宝鸡文理学院学报》2010 年第 6 期。

[94] 赵廷光：《论我国刑法中的情节》，《法商研究》1995 年第 1 期。

[95] 周详：《"醉驾不必一律入罪"论之思考》，《法商研究》2012 年第 1 期。

[96] 周煜：《情节犯的认定及其指导意义》，《长江大学学报》2012 年第 5 期。

[97] 朱兴：《定罪情节之辨》，《社科纵横》2011 年第 3 期。

硕博论文

[1] 车立科：《论情节加重犯》，吉林大学硕士学位论文，2004 年。

[2] 邓蝶：《情节犯研究》，广西大学硕士学位论文，2012 年。

[3] 高翔：《可罚的违法性理论研究》，山东大学硕士学位论文，2008 年。

[4] 贾长森：《情节加重犯疑难问题研究》，郑州大学硕士学位论文，2009 年。

[5] 李娜：《骗取贷款罪研究》，南京师范大学硕士学位论文，2011 年。

[6] 廖瑜：《论犯罪情节》，西南政法大学博士学位论文，2009 年。

[7] 刘莉：《情节犯问题研究》，西南政法大学硕士学位论文，2008 年。

[8] 刘文：《情节犯研究》，西南政法大学硕士学位论文，2007 年。

[9] 刘祥伟：《情节犯若干问题研究》，西南政法大学硕士学位论文，2006 年。

[10] 毛校霞：《客观处罚条件之解析与借鉴》，南京大学硕士学位论文，2011 年。

[11] 钱格祥：《情节加重犯的立法问题研究》，中国政法大学硕士学位论文，2006 年。

[12] 田静：《数额犯基本问题研究》，中国政法大学硕士学位论文，2009 年。

[13] 仝蕾：《客观超过要素理论研究》，中国青年政治学院硕士学位论文，2007 年。

[14] 王梓臣：《刑法中的情节问题研究》，西南政法大学硕士学位论

文,2004年。

[15] 谢海:《酌定犯罪情节研究》,西南政法大学硕士学位论文,2011年。

[16] 赵胜军:《情节犯若干问题研究》,西南政法大学硕士学位论文,2008年。

[17] 祝强:《对我国经济犯罪立法的宏观思考》,西南政法大学硕士学位论文,2004年。

外文文献

[1] A. L. Rutkovskii, D. N. Dyunova, "Research into Conditions of Identifiability of Objects in Closed Regulation Systems", *Russian Journal of Non-Ferrous Metals*, Vol. 54, No. 2, 2013, pp. 190-194.

[2] Bolsunovsky, Anatoly L., Gubanova, Maria A., "Multi-objective Optimization Procedure for the Wing Design at Cruise and Low-speed Conditions", *Proceedings of the Institution of Mechanical Engineers*, Part G: *Journal of Aerospace Engineering*, Vol. 277 No. 2, 2013, pp. 254-265.

[3] Broderick, Patrick A. "Conditional Objectives of Conspiracies", *Yale Law Journal*, Vol. 94, No. 4, 1985, pp. 895-908.

[4] Halkarnikar, P. P., Khandagle, H. P., Talbar, S. N., Vasambekar, P. N., Patel, R. B., Singh, B. P., "Object Detection under Noisy Condition", *AIP Conference Proceedings*, Vol. 1324, No. 1, 2010, pp. 288-290.

[5] Honderich, T., *Punishment: The Supposed Justifications*, Cambridge: Polity Press, 1989.

[6] Mendes, M. & McDonald, M. D., "Putting Severity of Punishment Back in the Deterrence Package", *Policy Studies Journal*, Vol. 29, No. 4, 2001, pp. 588-610.

[7] O. Liber, "Learning Objects: Conditions for Viability", *Journal of Computer Assisted Learning*, Vol. 21, No. 5, 2005, pp. 366-373.

[8] Ragnar Hauge, Lars Holden, Anne Randi Syversveen, "Well Condi-

tioning in Object Models", *Mathematical Geosciences*, Vol. 39, No. 4, 2007, pp. 383-398.

[9] Sadurski, W., "Theory of Punishment, Social Justice, and Liberal Neutrality", *Law and Philosophy*, Vol. 7, No. 3, 1988, pp. 351-373.

后　记

本书是我应经济管理出版社的要求，对博士学位论文的正文部分做技术处理，对后记部分稍作修改而完成的。

在武汉大学法学院攻读博士学位的三年时间，无疑是我人生当中最为重要、最为难忘的时光之一。经过漫长而曲折的备考，我于2011年9月考入武汉大学法学院师从许发民教授攻读刑法学专业的博士学位，并于2014年7月取得法学博士学位顺利毕业。回眸在珞珈山学习和生活的点点滴滴，曾经的迷茫与困惑、喜悦与希望，曾经的欢笑和泪水……伴随着诸般往事又涌上心头，让人不免感慨良多。

首先，我要感谢的是恩师许发民先生和师母侯霞女士。许老师博学多识、睿智严谨、宽厚刚毅，师母贤良淑德、敬业爱家、视生如子。虽然许老师已经任职于湖北省人民检察院，工作非常繁忙，但他对我的指导却是全方位的，从为学，到做人，再到生活，许老师都给我提出了很多宝贵的意见和建议。无论是在学习上，还是在生活上，侯老师对我的关心都细致入微。在与两位老师接触过程中，我总能感受到他们为人的质朴与纯粹，每一次和他们在一起都能体会到家人般的亲切与自然。在我遇到困难和挫折的时候，两位老师对我的教诲、关怀和鼓励，都能给我以巨大的慰藉和鞭策。两位老师对我的真挚情感，是我在武大学习、生活三年中所收获的最为重要的精神财富，也必将使我以后的人生受益匪浅。在学位论文撰写过程中，许老师对题目的选择、体系的确立及具体内容的取舍，都提出了宝贵的意见。师恩永志！在此，我诚挚地祝福两位老师：身体健康、工作顺利、万事如意、永远幸福！

当然，我也要感谢武汉大学法学院刑事法律研究中心的莫洪宪教授、林亚刚教授、康均心教授、皮勇教授、陈家林教授、叶小琴副教授、熊琦副教授和陈金林老师。在这三年中，通过各种形式的学习和交流，他们让我获得了很多知识和启发。特别是在学位论文开题的时候，各位老师所提出的批评和建议，对本书的写作发挥了积极而又重要的作用。在此，我也要诚挚地祝福各位老师在以后的工作和生活中能够一切顺利！

同样，在武大学习和生活的三年中，尤其是在学位论文的写作期间，我也得到了多位同学和朋友的帮助。这些人，有些是与我同窗共读的同一届的兄弟姐妹；有些是已经毕业并踏入社会的师兄、师姐；有些是仍在刻苦求索的师弟、师妹；当然，还有那帮和我一起生活、学习在枫园一舍的好兄弟们。正是你们的帮助、鼓励和陪伴，我在武大期间才能够在各方面不断地进步，我的生活才更加地丰富多彩，为自己的人生留下了许多美好的回忆！为了避免挂一漏万，我在此处就不再一一提及诸位的名字，但请你们接受我由衷的感谢：谢谢你们！

在攻读博士学位期间，我也得到了以前的很多同学、好友及原工作单位各位领导、同事的帮助和鼓励，在此也要一并致谢！尤其是要感谢谭平、卫泳震、申纯、付凤鸣、韩雪峰等同学或好友，在我读博期间对我的关心、照顾和鼓励，让我能够更加安心地学习和生活，顺利地完成学业！

最后，我要感谢我的家人和各位亲友一直以来对我的理解和支持，三年攻读博士学位期间面对各种压力，正是大家无私的爱与帮助，激励着我、支撑着我克服各种困难，不断成长。尤其要感谢我的爱人刘明芳女士多年以来对我和我们这个家庭的付出和包容，在艰难时刻的相伴与相守使我永生难忘。我还要感谢我的两个孩子刘悦和刘致远小朋友给我带来的欢乐和幸福，你们是我今生最大的骄傲和幸福的源泉，我爱你们！